JN067601

マドンナメイト文庫

素人告白スペシャル 未亡人とシングルマザーの下半身事情

素人投稿編集部

第三章 男たちを惹き寄せるワケあり女の淫穴

第四章 己の欲望のまま肉悦に溺れる牝獣たち

※本書に掲載した投稿には、読みやすさを優先して、編集部でリライトしている部分もあります。なお、投稿者は全て仮名です。

第一章 独り身が寂しくて牡幹を求める美熟女

亡き夫の面影を残す義弟を誘惑して……久しぶりの生肉棒に貫かれる悦びに震え

瀬野妙子　パート・五十四歳

私と夫は地方出身者で、東京の大学で先輩後輩として知り合い、私の卒業を待って籍を入れました。

かわいい娘を一人生み、家を買い、幸福な結婚生活を送っていたものの、一昨年の四月に病気で夫を亡くし、悲しみの日々を過ごすことになりました。

遠方に嫁《とつ》いだ娘が一カ月ほど滞在し、話し相手になってくれたことから、気持ち的にはだいぶ楽になり、そのうち一人の生活も慣れはじめました。

ところが去年の春先からコロナの影響で自粛が始まり、一周忌の法要はとても寂しいものになってしまったんです。

参列者は亡き夫の実弟の賢二《けんじ》さんだけで、彼も大学進学のために上京し、故郷に帰ることなく東京で就職しました。

いまとなっては、賢二さんの存在はとても大きかったと思っています。

二年間の地方への単身赴任生活を終え、去年の三月に本社のほうに戻ってきた直後でしたので、彼がいなければ、一人で一周忌を済ませるところでした。

独身の彼は私より四つ年下で、目元のあたりが夫に似ているんです。もしかすると、それが夫の面影と独り身の寂しさを強くさせたのかもしれません。

私たちは法要を済ませたあと、自宅に戻って亡き夫を偲《しの》びました。

「義姉《ねえ》さん、大丈夫？　困ってることがあったら、遠慮なく言ってよ」

「ありがとう……大丈夫よ」

そう言いながらも寂しさは隠せず、私は年がいもなく、お酒を浴びるように飲んでしまったんです。

「飲みすぎだよ。そのへんにしといたほうがいいんじゃない？」

「ねえ……賢二さん」

「ん？」

「今日、泊まっていってくれないかしら」

とんでもないお願いをしていることはわかっていたのですが、どうしても気持ちを抑えられませんでした。

「いや、それはちょっと……」

賢二さんのひたすら困惑する顔を見て、恥ずかしさが込み上げました。

「ご、ごめんなさい……変なこと言っちゃって。あ、お酒、もうないわね」

席を立ち、お酒を持ってこようと足を踏み出した瞬間、目眩《めまい》を起こして足元がふらつきました。

「あ、危ない！」

彼はすぐさま腰を上げて体を支えてくれ、私は無意識のうちに胸にしなだれかかってしまったんです。

心臓がドキドキしだし、包みこんでくれそうな温もりに心が乱れました。

「もう休んだほうがいいよ」

穏やかな口調でたしなめられても、身動きが取れず、私は彼のシャツの袖口をそっとつまんでいました。

「ね、義姉さん……」

「寝室に……連れてって」

「え？　あ、う、うん。わかった」

いまにして思えば、わがまま以外の何ものでもなかったのですが、抱かれた瞬間に体が燃えるように熱くなり、まともな思考が吹き飛んでしまったんです。

「義姉さん、しっかりして」

「手間かけさせちゃって……ごめんなさい」

洋間の寝室にはダブルベッドが置かれており、賢二さんはさすがに気まずい顔をしていました。

「着の身着のままで、いいのかな?」

「ええ、ちょっと休めば、よくなるわ」

私は喪服を着ていたので、息苦しかったのですが、その場で脱ぎ捨てるわけにはいきません。

賢二さんはベッドカバーとかけ布団をめくり上げ、私をベッドに寝かせてくれました。

大きな手が体にふれるたびに女の中心部がほてりだし、熱い思いが内からほとばしりました。

「大丈夫かな……あっ」

紳士的なふるまいを見せてくれたにもかかわらず、私は彼の手首を力強く引っぱってしまったんです。

前のめりの体勢からおおい被さり、賢二さんの顔が目と鼻の先に近づきました。

「ね、義姉さん……」

「お願い……いっしょにいて」

いまとなっては、なぜあんなはしたないマネができたのか。

恥ずかしさで顔が真っ赤になるのですが、あのときはもう理性はひとかけらも残っていませんでした。

「だ、だめだって……んっ！」

身を起こそうとする彼の首に手を回し、私は唇を重ね合わせました。

「ん、むむっ」

賢二さんはよほどびっくりしたのか、体をガチガチに強ばらせていましたが、唇をむさぼる間、徐々に力が抜け落ちていきました。

口をこじ開けると、彼のほうから舌をもぐりこませ、唾液をじゅっじゅっと啜《すす》り上げてきたんです。

「ンっ、ふっ、ふぅン」

私は鼻からくぐもった吐息を放ち、顔を左右に振りながら情熱的なキスに没頭しました。

舌を絡めれば、猛烈な勢いで吸い立てられ、腰が勝手にくねりました。

二人ともお酒が入っていたせいもあるかと思いますが、感動にも似た気持ちが胸の奥に広がり、もはや後戻りはできそうにありませんでした。

そして無意識のうちに股間に手を伸ばすと、ズボンの中心が小高いテントを張っていて、鉄の棒を仕込んだかのような硬直ぶりを見せつけていたんです。

彼も自分と同じく感じている。熱い感情に衝《つ》き動かされている。

そう考えた瞬間、頭の芯が痺れ、性感が頂点に向かって駆けのぼりました。

「む、ぐっ、ふぅ」

牡の昂《たかぶ》りを両の手のひらでなでさすっていると、賢二さんはむせるように息を吹き込み、腰をもどかしげにくねらせました。

わざとのっぴきならない状況に追いつめようとしていたのですから、私ってほんとうに悪い女だと思います。

「く、ほぉ」

長いキスが途切れた直後、賢二さんは顔を上げて苦しそうに喘ぎました。

私は身を起こし、彼をあおむけにさせたあと、すぐさまベルトをゆるめたんです。

「あ、あ……まずいよ」

ジッパーを引きおろしたとたん、切なげな表情が視界に入り、子宮の奥がキュンとひりつきました。

「気分が悪いんでしょ？」

「悪くないわ。ただ酔ってるだけ……お尻を上げて」

「あ、ちょっ……だめだって」

ズボンのウエストに手を添えると、賢二さんは泣きそうな顔をしました。

「どうして……だめなの？」

「だって、シャワーも浴びてないし……あ」

拒絶する彼を尻目に股間のふくらみをなで回すと、コチコチになったあそこは萎《な》える気配もなく、布地の上からでも熱い脈動を訴えました。

「く、くおっ」

私は無理やりズボンを下着ごと引きおろし、ペニスを剝き出しにさせたんです。

「あ、ああっ！」

反り返る牡の肉には硬い芯が入り、汗くさい匂いが鼻先にプンと香り立つと、なつかしい香りに女の中心部が疼きました。

私は身を屈め、根元から亀頭に向かって舌をツツッと這わせたんです。

「む、むむっ」

亀頭にソフトなキスを浴びせながら大量の唾をまぶし、カリ首をチロチロと這いなぶると、太ももが早くも痙攣を始めました。

賢二さんのおチ○チン、とても逞しいんです。

長さも太さも夫のモノより大きくて、陰嚢もいなり寿司のようにどっしりしていました。

舌を無我夢中でくねらせ、しょっぱい味覚を堪能《たんのう》していると、やがて鈴口から前ぶれの液が溢れ出し、性的昂奮と甘い期待感に背筋がゾクゾクしました。

私はペニスを口でたっぷり愛撫したあと、真上からがっぽり咥えこんでいったんです。

「あ、こ、こんな、こんな……むぅ」

ペニスを根元まで一気に呑み込み、喉の奥でキュッと締めつけると、賢二さんは低いうめき声をあげてのけぞりました。

私は昔から男の人に尽くすタイプで、悦んでくれる姿を見ているだけで昂奮してしまう性癖があるんです。

悶《もだ》える彼の様子がうれしくて、おしゃぶりにも自然と熱が入りました。

ぐちゅ、ぐちゅ、ぶちゅ、じゅぷっと、わざといやらしい音を立て、私はいやといういうほどペニスを舐めしゃぶってあげたんです。

顔を上下に振り立て、舌で縫い目に刺激を与えると、おチ○チンが口の中でのたうち回りました。

亀頭はこれ以上ないというほど張りつめ、血管が脈を打ちはじめると、先走りの汁が大量に溢れているのか、今度は苦味が舌の上に広がりました。

「あ、あ、ね、義姉さん……もう」

我慢の限界を訴える声が耳に届いた瞬間、今度は首をS字に振り、唇と口の中の粘膜でおチ○チンをこれでもかと引き絞ってやったんです。

「く、おぉぉぉっ」

賢二さんは裏返った声を発し、腰を女の子のようにくねらせました。

「ホ、ホントに出ちゃうって！」

頭に手を添えられ、私はようやくペニスを口から抜き取りました。

「ン、ふうっ」

「はあ、はあ、はあっ」

根元を指で締めつけていたため、おチ○チンは極限まで膨張し、テラテラと濡れ輝く様を見つめているだけで下腹部がムズムズしました。

あそこは愛液で溢れ返り、私自身も収まらないところまで達してしまったんです。

ベッドから下り立ち、帯をほどきはじめると、賢二さんは盛《さか》りのついた動物のような目で見つめてきました。

顔は耳たぶまで真っ赤、目はぎらぎらし、まるで別人のようでした。

喪服に続いて長襦袢を脱ぎ捨てた直後、彼はワイシャツを剝ぎ取り、今度は上擦った声で問いかけました。

「ね、義姉さん……下着、はいてなかったの?」

「いや、見ないで……」

急に恥ずかしくなり、半身の体勢をとると、逞しい腕がニュッと伸び、私の腰をつかみました。

「きゃっ!」

そのままベッドに押し倒され、のしかかってきた賢二さんは荒い息を絶え間なく放っていました。

私もこの歳ですから、一度火がつくと止まらない男性の習性は知っていましたが、ふだんはとてもおとなしい人だったので、面食らってしまったのは事実です。

「ね、義姉さん！」

「やンっ」

彼はためらうことなく足を開こうとし、私はとっさに身を反転させて局部を隠そうとしました。

ところがそのまま腰を持ち上げられ、不本意ながらも四つん這いの格好にさせられてしまったんです。足は閉じていたものの、賢二さんは当然とばかりにヒップの真下に顔を埋《うず》めてきました。

「いやぁっ！」

腰を振って逃れようとしたのですが、太い指がヒップにがっちり食い込み、むだな努力にしかなりませんでした。

シャワーを浴びていないのは私も同じで、身勝手ながらも凄まじい羞恥心に見舞われたんです。

「むほっ、むほっ」

分厚い舌が股ぐらに忍び込み、陰唇に沿ってペロペロ舐められました。

「あぁン、だめっ、だめっ」

必死に拒絶の言葉を放ったのですが、耳に届かないのか、彼はあそこを延々と責め立ててきました。

先ほどのお返しとばかりに、じゅっぱ、じゅっぱと、はしたない音を響かせ、愛液を啜り上げてきたんです。

「ひぃうっ！」

羞恥心にまみれる一方、性感はどんどん上昇していき、頭の中が真っ白になりはじめました。

なんと、私は口だけでエクスタシーに導かれてしまったんです。

「あ、あ……イクっ、イクっ！」

目の前がチカチカしたとたん、私は横からベッドに崩れ落ち、あおむけに寝転びました。

賢二さんは間髪を入れずにのしかかり、両足を目いっぱい左右に広げたんです。

絶頂感にひたっていた私は拒絶することもできず、大股を開いたまま彼のクンニリングスを受け入れるしかありませんでした。

「あっ、やっ、ンはぁっ」

我に返ったところで、彼の体が割りこんでいるため、足を閉じることはできません。

舌先で膣肉をほじられ、さらにクリトリスをしゃぶられ、巨大な快感が再び襲いかかりました。

「やっ、やぁぁっ！」

シーツを引き絞って堪《こら》えたものの、彼の口戯はとてもねちっこく、性感がまたもや上昇し、二度目のエクスタシーに達してしまいました。

賢二さんの頭を押さえつけ、ヒップを大きくふるわせた私は、快楽の余韻《よいん》にひたっていたのですが、思わぬ出来事が待ち受けていました。

彼は身を起こしざま右手の中指と薬指を膣口に差し入れ、膣の上部をグリグリとこすりはじめたんです。

「あっ！」

下腹の奥で熱いかたまりが迫り上がり、私は頭を起こして目を見開きました。

膣壁をなで上げながら左手の親指でクリトリスをさわさわいじられた瞬間、快感がみたび背筋を這いのぼりました。

「く、くぅ、やっ」

唇を嚙みしめていやいやをしたものの、指のスライドはますます激しくなり、やがて下腹部全体が巨大な圧迫感におおい尽くされました。

例えるなら、排泄願望など少しもないのに、ポンプで無理やり吸い上げられるような感覚でしょうか。

恥ずかしさと恐怖心にも似た気持ちが込み上げ、私は髪を振り乱して訴えました。

「や、やめて」

「義姉さん、すごいよ！　おマ〇コの中が、ぐちゅぐちゅだ」

「い、ひぃぃっ」

賢二さんは腕を大きく振り立て、指腹で膣の上側をこれでもかとこね回し、頭の中を七色の光が走った瞬間、膣の狭間から透明なしぶきが噴き出しました。

「やぁあぁぁっ！」

最初は、おもらしをしてしまったと思ったんです。

もう恥ずかしくて恥ずかしくて、身をよじって叫ぶと、彼はにやりと笑いながらつぶやきました。

「ほら、潮を吹いたよ」

潮と言われても、そのときは何のことなのか、まったくわかりませんでした。

こんな経験は初めてのことで、指がスライドするたびに水鉄砲のように透明な液体がビュッビュッと放たれ、私はあまりの恥ずかしさに枕を抱きかかえて顔を押しつけました。

「あぁ、あぁっ」

「ふふっ、もう出ないかな？」

手の動きが止まり、膣から引き抜かれると、私はぐったりした状態で声を発することすらできませんでした。

「義姉さん、見てごらん」

チラリと見やると、彼の手から大量の雫がポタポタと滴《したた》っていました。

「やぁぁ……」

「義姉さんのおマ○コから出たものだよ。気持ちよかっただろ？」

「ひどいわ……いきなり変なことして」

「潮、吹いたことないの？」

「そんあの、ないわよ……」

涙目で答えると、賢二さんはまたもや卑猥な笑みを浮かべました。

「言っておくけど、義姉さんのほうから誘ってきたんだからね」

「それは、そうかもしれないけど……」

「俺だって男だし、我慢できなかったんだよ。さあ……しゃぶって」

「あン」

彼は体を跨《また》いでペニスを突き出し、ビンビンになるペニスに気を昂らせた私は、大口を開けてむさぼりつきました。

「ンっ、ンっ、ンっ」

ぐっぽぐっぽと舐めしゃぶると、股のつけ根が熱くなりだし、ヒップをくねらせながら自らの指で慰《なぐさ》めました。

「はあっ、ホントはね、義姉さんのこと、初めて会ったときから好きだったんだよ」

「は、ンむぅっ」

嫌われていないことはわかっていたのですが、異性として見られていたとは気づきませんでした。

「ベビーフェイスとグラマーな体は、ストライクゾーンのど真ん中なんだ。兄貴がうらやましかったよ」

冷静に考えれば、愛情というよりは性愛という表現のほうが正しいのかもしれません。それでも義弟の思いは私の心に沁み入り、寂しさをゆっくり埋めていきました。

同時に、ガチガチのおチ○チンで疼く女肉を貫いてほしいという気持ちに衝き動かされたんです。

「チ○ポをしゃぶってる義姉さんの顔、なんて色っぽいんだ」

「ぷふぁ……入れて、もう入れて」

縋《すが》りつくような目で訴えると、賢二さんは小さくうなずき、身をズリ下げました。

そして亀頭の先端を割れ目にあてがい、腰をそっと突き出してきたんです。

「ほうら、もうすぐ入っちゃうよ」

「あ、あ、あ……」

久しぶりの情事のせいか、それともペニスが大きすぎたのか。カリ首が膣口をなかなかくぐり抜けず、身が裂かれそうな圧迫感に息が詰まるかと思いました。

「くうっ……あっ」

やがて亀頭が膣内に埋めこまれると、快楽の稲妻が脳天を貫き、私は知らずしらずのうちに腰をバウンドさせました。

「お、おおっ」

ペニスが膣内を満たしたときの気持ちよさは、いまだに忘れることができません。

感動に胸が熱くなり、涙がぽろぽろとこぼれるほどでした。

「義姉さんのおマ○コ、とろとろだ」

賢二さんはペニスを中途まで差し入れたあと、ゆったりしたピストンで膣肉に刺激を与えていったのですが、なかなか奥深くまで入れてくれないんです。

膣前庭だけのスライドでも快感はあるものの、次第にじれったさを覚え、自分からヒップを揺すっておねだりしていました。

「ああ、もっと奥まで入れて！」

結合部からにちゅにちゅと淫らな音が洩れ聞こえ、賢二さんは余裕の表情で腰を打ち振っていたのですが、突然ドシンと亀頭の先端が子宮口を叩きつけました。

「ひンっ！」

「そんなに欲しいのなら、自分から動いてごらん」

彼は私を抱き起こし、騎乗位の体勢に取って代わりました。

自由に動ける体位に嬉々とした私は、ここぞとばかりにヒップを振り立てました。

前後のスライドから、ときには大きく回転させ、足をM字に開いて上下のピストンで、大きなおチ○チンを目いっぱい堪能したんです。

バチーンバチーンとヒップが太ももを派手に打ち鳴らし、あそこから大量の愛液が溢れ出しました。

「あ、ぐっ、ちょっ……」

今度は賢二さんが悶絶《もんぜつ》する番でしたが、視界には入らず、一心不乱に快楽をむさぼり味わいました。

愛液が、ぐっちゅ、ぐっちゅと、凄まじい音を響かせる間、髪を振り乱し、口からよだれまで滴らせていたんです。

「ああ、いい、いいわぁ」

「ね、義姉さん……激しすぎだって。チ○ポが折れちゃうよ」

「はっ、はっ、やっ、やぁぁあぁっ！　おチ○チン、気持ちいい！　気持ちいいところに当たるのぉ！」

久方ぶりのセックスに体が燃え上がり、ずいぶんとはしたない声をあげてしまいました。

「ああ、義姉さん！　もう我慢できない。イッちゃうよ……」

「いいわ、イッて。中に、たくさん出して！」

彼はほとんど腰を動かさずに我慢の限界を迎え、同時に私も快楽の激流に身も心も委《ゆだ》ねたんです。

「あっ、イクっ、イクっ！」

膣の中のペニスが脈打ち、熱い滴りがしぶいた瞬間、全身が天国に舞い昇るような感覚におおい尽くされました。

「私もイクっ、イッちゃう、イクイクっ、イックぅぅっ！」

そこから記憶が飛び、気がついたときには賢二さんの胸に顔を埋めていました。

「兄さんに……申し訳ないよ」

彼がぽつりと放った言葉に胸が痛んだのは事実ですが、後悔はしていませんでした。

私には、まだまだ残された人生があります。この若さで女を捨てることはできず、だからといって、いまさら新しい恋愛に入れ込むほどの気力もありません。

夫の代わりと言ってはなんですが、賢二さんはその日から自宅を訪れる機会が多くなり、私たちはいまだに背徳の関係を続けているんです。

離婚したばかりの近所の元奥様に招かれ濡れまくったオマ○コに喰らいつき！

渡辺芳樹　会社員・三十歳

建売《たてうり》住宅に引っ越して十年になります。近隣に無関心なのはマンションだけでなく建売でも同じです。うちの隣に歳の近そうな夫婦が二年前に引っ越してきましたが、会えば挨拶するぐらいで。ほとんどつきあいはありませんでした。うちは子どもが二人なのに、お隣の和田《わだ》さん夫妻には子どもがいなかったこともあるでしょう。

あれは、二カ月ほど前の大型連休のことでした。

妻と子どもが車で帰省し、家に三日間、私一人だけになりました。毎年私も妻の実家に行くのですが、急な出張があり私一人が家で留守番兼待機となったのです。

ガランとなった一階の駐車場の掃除でもしようと降りたとき、隣の和田さんの奥さんも、駐車場でなにやら自転車と格闘していました。

「こんにちは。どうしました？」

「あら、こんにちは。自転車の空気が抜けてて、空気入れで入れても抜けてしまって」

「パンクかもしれませんね。私が見てみましょうか。うちの子どもたちも運転が荒いので慣れてますよ」

「あら、助かりますわ」

建売住宅ですが、我が家と隣の和田さんは左右対称のつくりになっており、駐車場が向かい合わせになっていました。

特に他意もなく、私は初めてお隣の敷地の駐車場に入りました。

ショートカットで瞳が大きく、表情もいつも明るいかわいらしい女性でした。室内着らしい丈の短い軽そうなワンピースで、立て膝で自転車に向かってしゃがんでいたので、太ももの一部が露出し、少々危なっかしい印象を受けました。

自転車はやはりパンクしていたので、うちから修理キットを取ってきて、とりあえず穴をふさいで応急処置をしました。

「ありがとうございます。助かりましたわ」

満面に笑みを浮かべ、わりと大きな声で感謝されてしまいました。

「そういえば、最近車を見ませんね。ご主人は出張か何かですか？」

あまり深い考えもなく聞きました。すると彼女が顔を曇らせたのです。

「じつは……離婚したんです。一カ月前」

思わぬ告白に、言葉の接《つ》ぎ穂《ほ》を失ってしまいました。さほどつきあいのない隣人が聞いていい範囲を越えています。

「渡辺《わたなべ》さんも、きのうから車がありませんね？」

たいして気にしたふうでもなく、彼女も笑みを浮かべて聞いてきました。

「ああ、うちは今回、妻と子どもたちだけで帰省したので……」

やや言いわけっぽい口調になってしまいました。

「お礼にうちでお茶でも飲んでいってください」

「それはマズいですよ……」

常識的な返事をしました。

「うふふ、考えすぎですよ。どうぞ」

ごく自然な仕草で、彼女は玄関に向かいました。私があとからついてくることを、まったく疑っていない動きでした。つられるかたちで、私は和田さん宅の玄関に入りました。内心でドキドキしたものです。

「へえ、ほんとにうちと左右対称なんですね」

「こんど渡辺さん宅にもお邪魔したいわ。渡辺さんが一人のときに……」

和田さんは、危ない冗談をまったく素の声で言うのです。

ダイニングテーブルに向かい合い、お茶をいただきながら、彼女が問わず語りに離婚の顚末《てんまつ》を話してくれました。

亭主の浮気で離婚に至ったこと、ついた弁護士が優秀だったこと、亭主の両親も常識人で、慰謝料のほかにこの家ももらったことなどです。

「この家で次の人生を考えてるんです。でも一人でいると煮詰まってしまって」

相槌《あいづち》を打ちにくい話題なので、私は緊張しながら聞き役に回っていました。

「渡辺さんも何か話してください。こんなにしゃべったの、先週、両親が来たとき以来だわ」

「その、なんと言っていいのか……」

「あら、緊張してらっしゃるの？　肩の力を抜いてください。離婚したのは私で、渡辺さんじゃないわ」

そう言って、なんとテーブルの上の私の手に自分の手を重ねてきたのです。そうして軽く私の手を握ったまま、上下に小さく振りました。励ますようなつもりだったのでしょうか。結婚以来、妻以外の女性にそんなことをされたのは初めてです。

彼女は手を重ねたまま、小さくため息をつきました。

「やっぱり話し相手がいるとうれしいわ。渡辺さんはご迷惑でしょうけど……」

「そんな……迷惑なんかじゃありません」

私も手を振りほどくことなく、できるだけ冷静に答えました。妻とは異なるやわらかな手の感触に、まんざらではありませんでした。

「毎日、少しだけでも渡辺さんが来て、話し相手になってくれたらうれしいのに」

無茶を言わないでください、そんなつまらないことを言いかけて、自分でも驚くようなことを口にしてしまいました。

「家族が帰ってくるのは明後日の夕方です。それまでなら……」

「あら、うれしい。楽しみが出来たわ！」

彼女は少女のように笑いました。妻と同い年とは思えないほどあどけない笑みに、緊張気味だった私の顔もついゆるんでしまいました。

すると、彼女が私の手を握ったまま、ふと笑みを消しました。そして潤んだまなざしでまっすぐ私を見つめてきたのです。

「ねえ、お隣の渡辺さんのお宅って、遠いですよね？」

歩いて数歩のところが遠いと言うのです。

「うちに泊まっていくというのはどうかしら？」

顎を引き、ほとんど口を動かさずに彼女はつぶやきました。

「そうですね。いまから帰ったら、隣の家に着くのは深夜になるし」

私も聖人君子ではありません。裏返りそうな声で調子を合わせながら、私の手にふれている彼女の手に、さらに自分の手を重ねました。

彼女の顔から子どものような笑みが消え、かわりに頬は紅潮し、妖しい笑みが浮かんでいました。その間も、まったく私から目をそらしませんでした。

「話し相手も欲しいけど、やっぱりいっしょにお布団に入る相手も欲しいわ……」

降って沸いたチャンスにたまらなくなり、私はつい話をそらしました。

「ほんとになにもかも、うちと左右対称ですね。調度品がなければ鏡を見ているみたいだ」

「うちを見学しますか?」

彼女は手を離し、立ち上がりました。私も立ち上がり、ついていきました。浴槽にトイレ、四畳半、そして階段を上がり、洋室へ向かいました。

「ここが、寝室です」

その部屋には、シングルベッドが一つあるだけでした。

「離婚してすぐにベッドだけ替えたの」

そうして、いたずらっぽく笑って私を見上げました。

「シングルで狭いけど、二晩ぐらいは我慢できますよね？」

すぐ近くで並ぶと、彼女の小柄さが強く印象に残りました。

私はそっと手を伸ばし、白いワンピース越しにそのお尻をなでました。

「あら、なにをなさるのかしら？」

ワンピースはごく薄手のもので、その下のパンティとお尻の柔らかくて温かな感触を、なまなましく手に伝えてきました。

「さっき自転車に向かってしゃがんでたとき、太ももの奥が見えそうになってましたよ」

「あら、恥ずかしい。そんな目で隣人の私を見てらしたの？」

電車での痴漢などしたことはありませんが、少し気持ちがわかるような気がしました。スリルそのものが、猥褻な気持ちに拍車をかけるのでしょう。

「ふだんはそんな目で見てませんよ」

「離婚した旦那が話してたことがあるの。渡辺さんとうち、奥さんと旦那をそれぞれ交換できないかなって……」

私は、この境遇そのものと同じぐらい驚きました。和田さん夫妻が、うちの夫婦とスワッピングを考えていたというのです。

「私は反対したし、そもそも離婚しちゃったけど、旦那がいなくなってから、旦那の考えの半分がかなっちゃったわけね」

そう言って両手を広げ、私に抱きついてきました。かすかな香水が鼻をくすぐり、小さな体と柔らかな抱き心地が、妻とは異なる女性を抱いているのだと強く実感させました。ふらちな不倫行為なのに、その感触にほとんど感動すら覚えました。

彼女が顔を上げると、二人は同時に吸い寄せられるように唇を重ねました。

「渡辺さん、下のお名前は？」

彼女は唇を重ねたまま、モゴモゴと聞いてきました。

「芳樹《よしき》です。渡辺芳樹」

「私は……真美《まみ》よ。表札はまだ和田のままだけど、離婚して小林《こばやし》真美」

彼女はつと顔を離すと、イタズラっぽく笑いました。

「うふふ、私たち、下の名前も知らなかったのに抱き合ってキスしてるのね」

「ホントだ。自転車の修理しただけなのに、お礼が大きすぎるんですよ」

そう言いながら私は、ワンピース越しのお尻を激しくなでました。キスもさることながら、疑似痴漢行為にひどく興奮していたのです。

「お礼を言うのは私だわ。一人で息が詰まっちゃいそうだったから、芳樹さんは最高のカウンセラーよ」

私の下の名前を口にし、薄く目を閉じてまた唇を重ねてきました。

彼女の首筋に手を伸ばし、背中のファスナーを腰までおろしました。

両肩を抜くと、ワンピースはあっけなく寝室の床に落ちました。

ブラジャーとパンティが現れました。薄ピンクの地に白いやや大きなフリルがあしらわれていました。いきなりの煽情的《せんじょうてき》な眺めが目に突き刺さるようでした。

「真美さん、かわいい下着をつけてるんですね」

そう言いながら私は彼女の背中に手を回し、ブラジャーのホックをはずしました。

「〝さん〟なんていらないです」

勇気をもって私も下の名前で呼んだのに、彼女はそんなふうに言いました。

お椀のような形のいい乳房が現れました。子どもを産んでいないためか乳首はまだピンク色で、私はまた不敬にも妻と比較してしまいました。

少し腰を落とし、乳首にそっとキスをして舌を這わせました。

「ああ、真美……」

妻でない女性の下の名前を呼び捨てにするだけで、背筋がゾクゾクしたのですから、いかに私が小心者かおわかりいただけるかと思います。

「ああ、あああ……これよ、ああ、久しぶり……」

彼女の声が一段高くなり、体も声も小刻みに震えていました。

彼女はゆっくり私の頭をつかみ、名残《なごり》惜しそうに乳房から離しました。

「渡辺さんも……」

他人の家で全裸になるのが、こんなに抵抗があるものかと思いました。しかも、パンティ一枚の半裸の女性の前です。

ブリーフを脱ぐと、弾みで勃起したペニスが跳ね上がりました。

「どうぞ、芳樹さん。ダンナの匂いなんてないから安心して」

私のペニスを見て満足そうに笑い、彼女はかけ布団をめくって横になりました。

「お邪魔します」

なんとも間抜けな言葉を口にして、私も布団に入り、かけ布団をかけました。

とたんに濃厚な女性の香りが顔の周囲を包みました。女性しか使っていない布団なので当然なのですが、何か女子更衣室に入ったような、不倫とは異なるタブー感を覚えました。

「ああ、芳樹さん、抱いて……」

湿っぽく切ない声で彼女は言い、私にしがみついてきました。私も小柄な肢体を抱き返しました。その背中はすでにじっとりと汗ばみ、夏の陽にさらされた手すりのように熱くなっていました。

「あああ、この感触……なつかしいわ」

号泣しているのかと思うほどその声は割れていました。久しぶりにふれる男性の感触に、感極まっているようでした。

乱暴に舌を絡め合いながら、私たちはしばらく強く抱き合い、互いの背中を両手でむさぼっていました。私も不倫がもたらすタブー感がそのまま興奮材料となり、激しく息を荒げて隣人女性の背中とお尻をなで回していました。

「真美、こんなことしてたら、あなたを愛してしまいそうです……」

思ったままを口走っただけなのに、我ながらえらく陳腐に聞こえました。

「ああ、私もよ……これからどうなるかわからないけど、独りでいる間は、お友だちでいてほしいわ、芳樹さん……」

これはうれしい響きでした。再婚や引越しなどで彼女の人生が動きだすまで、私にこっそり通いつづけてほしいという意味に受け取れました。

手探りでパンティを脱がす前に、手を前にやり、股間のフロントに手のひらを当てました。予想どおり、パンティはぐっしょりと濡れていました。

「エッチな真美、ビショビショになってるよ」

「いじわる……」

わりと古典的な羞恥の言葉を洩らし、彼女は私の胸に顔を埋《うず》めました。

濡れたパンティは脱がしにくかったですが、そのもどかしさも官能を煽っていました。彼女も両脚をもぞもぞと動かし、消極的に協力しました。

ゆっくりと彼女におおい被さり、そのまま下半身に顔を向けました。

「和田さんのアソコ、よく見せてください」

「恥ずかしい……」

両手で白い太ももを開かせ、女性器を全開にしました。妻よりも薄めの恥毛がいやらしいお汁で張りつき、テラテラと光っていました。

文字どおり舌舐めずりをしてから、私は女性器に口をつけました。

「ああぁっ……ああっ！　すっ……すてきっ！　これ、これなの……！」

軽く握ったこぶしを口にやりながら、彼女は高い声をあげました。

淫らなお汁が奥から溢れていました。透明でみずみずしく、体温と同じくらい温かく、わずかに塩っ気がありました。妻にクンニリングスするときは、ほとんど義務感かサービス精神でやっているのに、彼女には自分自身の官能を満たすためにやっていました。

「和田さんのアソコ、僕のを挿入したらびっくりするんじゃないですか？」

「アソコがふさがって、バージンに戻ってるかも。優しくしてくださいね」

この言葉が妙にうれしく、印象に残ったのを覚えています。私は膝立ちで上半身を起こし、ペニスの根元を持って切っ先を開きかけた女性器に向けました。

亀頭が性器にふれると、彼女は顔をしかめ、顎を出しました。

亀頭が膣口に入り、やわらかく押しつぶされる感触がありました。腰に少しずつ力を入れていき、長い軸棒が濡れた女の性器に呑み込まれていきました。挿入そのものは時間にすればわずかなものでしょうが、非日常感と強いタブー感で、そのときの光景は、いまでも一秒刻みで覚えています。

ペニスを完全に挿入すると、私はゆっくりと腰を前後に振っていきました。

「別れた旦那さんとちがうのが、わかりますか？」

余裕もないのに、昭和のプレイボーイのような言葉を口にしました。

「わかる……わかるわ。あの人とちがう、オチ○チン、入ってるのが……」

泣きそうな顔で、悦びを表していました。

腰振り運動を続けたまま、私は上半身を倒し、彼女と重なりました。二人とも両手をWの字にし、学生のラブラブカップルのように互いの両手の指を組み合いました。彼女は激しくキスを求めてきました。

「お口と両手、アソコ……私たち、完全にくっついてるのね」

妻以外の成人女性の声を、耳元で聞いたことはありません。全身の五感が、不倫セックスをしていることを脳に伝えてきました。

「真美、うつ伏せになってくれ」

ペニスをゆっくりと抜きました。告白しますが、異様な状況に心が昂《たかぶ》り、すぐにも射精してしまいそうだったのです。

彼女はほてった顔に幸せそうな薄笑みを浮かべ、気だるい動きでうつ伏せになってくれました。私はその腰をとり、お尻だけを高く上げさせました。

「真美、次で出しても、いいかな?」

恥を忍んで聞きました。

「いいですよ。うれしいわ。私で、そんなにいい気持ちになってくれてるんですね」

薄く色づいたお尻の集中線を見て、私の非日常感は頂点に達しました。隣の奥様の肛門を見られる日が来るとは、夢にも思っていなかったからです。

白いお尻をなでながら、一方の手でペニスの根元をとり、妻よりも清楚に閉じた性器に当てました。

「あああ……すてき。私、ちょっと怖くて恥ずかしいけど、この姿勢がいちばん好きなんです……ああ、芳樹さんのが、奥まで突き刺さってくる……」

「僕もです……この姿勢で射精することがいちばん多い」

おかしなカミングアウトですが、不倫カップルならではでしょう。

ペニスが最奥まで達すると、もう私は我慢の限界でした。腰を引き、また押し込みました。すぐにその前後運動は、浅ましいほどのスピードになりました。

「あああっ！　すごいっ、すごいわっ、芳樹さんっ……私、壊れちゃうっ」

「もっと、ゆっくりやったほうがいいですか？」

スピードをゆるめず、私は聞きました。

「ダメッ！　もっと速くてもいいのっ」

最速の往復運動で、霞《かす》んで見える自分のペニスが真っ赤になっていました。

「和田さんっ、真美っ！　出るっ……！」

ピストン運動をゆるめないまま、渾身の力を込めて彼女の中に射精しました。

二人とも、全力疾走したみたいに息が上がっていました。

「すみません、早くて。でも、我慢ができなくて……」

情けないわびの言葉を口にすると、彼女は満面に笑みを浮かべました。

「いいのよ。私も大満足。あせらなくてもいいの。お食事してお風呂に入って、それから……夜は長いのよ」

本当に満足しているらしく、言葉の合間から含み笑いがずっと洩れていました。

そのあとも二日間、自分の家には肌着を取りに帰るぐらいで、ずっと和田さんの家にいました。

次に妻が帰省するまで、彼女がうちに来る機会はありませんが、私は偽りの出張を妻に告げることで、彼女の家に泊まれることに気づきました。家から一歩も出られず、窓に近づくことさえ危険ですが、この二カ月、有休を使ったニセの出張で三度ほど、彼女の家で激しくセックスしています。

人の道にはずれた行為だとは自覚していますが、隣の家で妻と子どもたちが寝ている状況での不倫セックスのスリルを、やめることができません。

学習塾を経営する老紳士と意気投合し十数年ぶりの挿入でよがり狂う淫乱熟女

藤沢薫　パート・四十四歳

息子を出産したのは、二十七歳のときでした。

その直後にすごくショックなことがあって、夫と離婚することになりました。

私の妊娠中に、夫が浮気を繰り返していたことを知ってしまったんです。夫は必死で言いわけしていましたが許せませんでした。それ以来、私は、息子の成長だけを楽しみに、シングルマザーとして生きてきました。

独身時代、私は地元の信用金庫に勤めていました。寿退社したのですが、その信用金庫には結婚などで退職した女性の職務経験を生かすために、優先的にパートタイムの契約社員として雇用する制度がありました。それを利用して、ほぼフルタイムで働き、親子二人で暮らせるだけの収入を得ることができたんです。

すごく長かったようにも、あっという間だったようにも感じますが、いまでは息子も高校生になりました。私の息子のわりにはなかなか成績もいいようなので、大学に進学させてやりたいと思っています。ただ、簡単に奨学金などに手を出すと、返済が社会人になった子どもに降りかかり、奨学金破産などという言葉も耳にします。そんなことのないように、なるべく学費は私が工面してやりたいと思いました。

そこで、息子が高校二年生になったころから、信用金庫の仕事を続けながら、ダブルワークで夕方から勤務できる学習塾の受付事務を始めたんです。

長年、信金の窓口業務をやってきた私としては、手続きにやってくる保護者に対する受け答えや笑顔はお手のものです。いい仕事に巡り合うことができました。

塾を経営しているのは、還暦をずいぶん過ぎた老紳士でした。もともと小学校の先生をやっていたそうで、いまも自ら塾の教壇に立っています。塾の講師や生徒、父兄からは「塾長先生」と呼ばれているので、私もそう呼んでいます。

私が受付に入ると、仕事ぶりを気に入ってくれたようで、当初から「いい人に入ってもらった」と口に出してよろこんでくれました。そして、「親睦《しんぼく》を兼ねて飲みにいきましょう」と誘われていたのです。私としてはお酒が苦手というわけではないのですが、翌日は信金の仕事もあるので、やんわりとお断りしていました。

それでも塾長先生はときどき思い出したように、「藤沢《ふじさわ》さん、軽くどうですか？」

と誘ってくれたので、私としても、あまり断りつづけるのも悪いなという気持ちもありましたし、働きづらくなるんじゃないかという心配もありました。

そして、あれは去年の秋口のことでした。

息子の高校は高二の秋に、三泊四日の修学旅行があるのです。そのときなら食事の心配もしなくていいし、私は思いきって自分からお願いすることにしたんです。

「塾長先生、飲みに連れていっていただけますか？」

連れていってくれたのはとても雰囲気のいい和風のお店でした。塾長先生はなじみのようで、お店の方たちも歓迎してくれました。小上がりになっている座敷の掘りごたつ式の席は、隣の席と衝立《ついたて》で仕切られていて、まさに差し向かいという感じです。

考えてみれば、男性と二人で飲むなどいつ以来か思い出せないほど、久しぶりのことでした。年に何回かは信用金庫の飲み会がありますが、それ以外では家飲みがほとんどで、二人きりなんて本当に独身のとき以来だったと思います。

そのせいか、塾長先生との時間は思いのほか楽しいものでした。相手が二十何歳も年上の男性なので、逆にリラックスできたというのもあるかもしれません。

「なるほど、藤沢さんは十七年前にバツイチになって、それからずっと独身だったんだね。でも、その間につきあった男性ぐらいはいたんでしょ？」

「いいえ、それが本当に誰も。息子が恋人といったら変ですけど……」

男女で飲んでいればあたりまえに下ネタも酒の肴《さかな》になりましたが、塾長先生の明るい話し方のせいか、年齢的な余裕からなのか、いやらしく感じませんでした。

「確かに母親が一人で働きながら子どもを育てるのはたいへんなことだと思うけど、たまには男に抱かれなかったら、女盛《ざか》りの体が欲求不満になっちゃうでしょ。いい意味で藤沢さんはエッチな体をしてるから、男性経験が豊富なのかと思ってたよ」

「やだ、もおっ、やめてください」

本当に私は離婚してから息子を育てることに精いっぱいでした。もちろん体が疼いて悶々《もんもん》とすることもありましたが、そういうときはオナニーで自分を慰《なぐさ》めるぐらいで我慢してきたんです。ですから、とてもセカンドバージンなんていう次元では言い表せないぐらい、抱かれるどころか男性にふれること自体ご無沙汰だったのです。

飲むほどに酔うほどに、下ネタの頻度が上がっていきました。

「だけど藤沢さん、エッチは嫌いじゃないよね？」

「え、それは……もう忘れちゃいました」

「好きな体位を当ててみようか。四つん這いでバックだな」

「そ、そんなの言えません。っていうか、ご想像におまかせします」

そんな話をしながら、私は、昔のエッチな自分を思い出していました。独身時代の私は、十代のころからけっこうドMでエッチなことが大好きだったんです。

初体験は中三のときだったので、早いほうかもしれません。高校生になるとどんどんエッチが気持ちよくなって、そのころから、恥ずかしいことをされたり、エッチにイジメられたりすると、興奮しちゃう自分を感じていました。

独身OL時代にはかなりMの自覚も強くなって、つきあった男性とSMっぽいプレイをするようになりました。縛られたり、目隠しされたり、人に見られそうなところでエッチしたり、痴漢プレイなどはずいぶん興奮したのを覚えています。

やがて私は酔いにまかせて、だいぶオブラートにくるんでですが、そんな自分のドMな性癖まで塾長先生に話してしまったようなのです。

「いやー、やっぱり女性と色っぽい話をしてると、男として体の奥からエネルギーがわいてくるよ。とはいっても、寄る年波には勝てないというか、もう何年も前から私の一人息子は元気がなくて、すっかり役立たずなんだけどね」

「えっ……そうなんですか」

「それにしても、藤沢さんが、そんなにスケベなM女だったとはね」

塾長先生はオブラートの中身を見透かしたように、そう言いました。

「いえ、そんな……SかMかでいったら、Mっぽいかなっていうぐらいで」

私はそんな言いわけをしながら、火が出そうなほど顔がほてっていました。

それからしばらくして、塾長先生がお会計をすませてくれました。

「ごちそうさまでした。すごくおいしかったです」

私がそう言うと、塾長先生は真顔で真っ直ぐに私を見つめ小声で言いました。

「店を出る前に、トイレでパンティを脱いできてもらおうかな」

それが冗談でないことは目の色でわかりました。それまでとは別人のように射抜くような視線でした。私は塾長先生が何をするつもりなのか考えながら、とりあえずトイレに向かおうとしました。その背中に声が投げかけられました。

「それと、ブラジャーもね」

もう、そうするしかないんだと、私はトドメを刺されたような気分でした。

塾長先生とエッチっぽい話をしながら、私の心の中がすっかりいやらしくなっていたのかもしれません。こんなに知らない人のたくさんいる店の中で下着を脱いできたら、どんなに恥ずかしいか想像しただけで、ドキドキしてしまいました。

そのときの私は、秋風が吹きはじめた季節ということもあって、濃いクリーム色のニットのロングワンピースに、黒のカーディガンを羽織っていました。

トイレでブラジャーとパンティを脱ぐと、あんなに小さい下着なのに、スースーとなんとも心もとない気分になりました。そのまま歩きはじめると、ニットの生地が乳首やお尻、股間の陰毛や肉にこすれて、その感触に否が応でもノーパンノーブラなのを意識せざるをえませんでした。トイレを出て席に戻るわずかな間にも、店にいる人がみんな私の胸やお尻を見ているようで、恥ずかしさが興奮に変わっていきました。

「お待たせしました……塾長先生」

「うん。じゃあ、行こうか」

店を出て人通りの少ない路地に入ると、並んで歩いていた塾長先生が私の背後に手を伸ばして、いきなりヒップをなで回してきました。

「やっ……やめて、ください」

「そんなにぴったりしたワンピースを着て、お尻の割れ目までクッキリさせてたら、さわってほしがってるとしか思えないじゃないか」

すごくエッチになで回し、お尻の割れ目を指でなぞってきました。

「さわってほしいから、ノーパンなんだろ？」

「そ、そうじゃ……ありません」

すると塾長先生は、すぐそばにあった駐車場の奥の暗がりまで私を引っ張り込み、ワンボックスカーに両手を着かせて、お尻をグイグイともみはじめたんです。

「くぅ、このむっちりとした肉が、エロくてたまらないよ」

そう言って、両手で左右のお尻の肉をわしづかみにすると、十本の指を食い込ませて互い違いにこねつけるようにもみ込んできました。私は四十路に足を踏み入れてからというもの、お尻の丸みが増してむっちりしてきたような気がしていました。それを思い知らされるようないやらしいもみ方でした。

「ダ、ダメ、やめてください」

「本当にこのお尻は、十七年も男にもまれたことがないのかい？」

そう言いながらぴったりと体を重ねて、縦にした手のひらをヒップの割れ目に押しつけて、その手刀をグイグイとこすりつけてきました。指先が股間の前まで届くほど、ニットの生地ごと手のひらをえぐり込んできたんです。手刀で股間をこすりつづけながら、もう片方の手はお尻を激しくもみしだいていました。

「あッ、あッ、こんなこと……困ります」

私がそう言うと、塾長先生が背後から耳を舐め回してきました。

「ヒッ、耳は……あぁッ、困りますってば」

ナメクジのような舌を耳の穴にこじ入れながら、お尻と股間の愛撫が続きました。

乱暴なほどの手刀の摩擦愛撫で、ワンピースの中からヌルッ、ヌルッという感触が逆流しているようでした。そして見計らったように塾長先生が言ったんです。

「じゃあ、今日は……このまま帰ろうか？」

私は何も答えることができず、小刻みに首を振りました。すると塾長先生は両手を私の胸に回し、ワンピースの上から乳首をつまんでいじりはじめたんです。

「さわってもないのに、こんなに硬くして」

耳を舐め回されながら、親指、中指、人差し指で左右の乳首をクリクリとこねくられて、私は指の動きに合わせてクイクイと腰を動かしてしまいました。

「ひっ、はうっ、やめて……ください」

やがて乳首がギュッ、ギュッと押し潰されました。それは私が大好きな乳首のイジメられ方でした。どんどん独身時代のエッチな自分に戻っていくようでした。

「あぁう、ダメダメ、そんなこと……」

そう言った瞬間、背後にいた塾長先生が私の体をグルッと振り向かせて、正面から抱きついてきました。耳を舐められ、乳首をいじられ、全身をまさぐられるうちに、荒い息づかいがエッチな声に変わっていきました。

「ハァ、ああん、塾長先生、もう私……」

すると塾長先生が、ロングワンピースのすそをゆっくりと太腿が顔をのぞかせるまで、たくし上げていきました。それから、私が自分で見ても白くなまなましい太腿に、右手を這わせて、指先で円を描くようになで回してきました。

「ダメ、ダメですよ、こんな……んぐぅ」

ねっとりとしたキスで口をふさがれると、日本酒の香りが鼻の奥にただよってきました。私が固まったようにジッとしていると、塾長先生はうごめくように舌を絡めながら、ワンピースの中の右手をノーパンの股間に向けて登らせてきました。

その指先が股間に到達すると、恥骨の上をもむようになでつけ、無遠慮にヘアをかき分けて、ギュッと閉じた女のYゾーンにもぐり込ませてきました。

「驚いたな……もう、ヌルヌルじゃないか」

そんな恥ずかしいことを言われて、私は一瞬、締めつけていた太腿から力を抜いてしまったようでした。すかさず塾長先生の右手がズッとYゾーンの奥まで入ってきました。そして、そのまま股間の割れ目がウネウネとこね回されたのです。

「うくっ、はうっ……そんなこと、ありません」

いくら否定しても、さわっている塾長先生の指の感触で、私にも自分のヴァギナがぬかるみのように濡れているのが伝わっていました。私はワンピースのすそといっしょに塾長先生の手首をつかんで、動き回る指に必死で抵抗しながら諭《さと》すようにささやきました。

「こんなところで、これ以上は、やめたほうがいいんじゃないですか」

そんな私の言葉をあざ笑うように、ワンピースの中で、塾長先生の右手の指がクリトリスを探し当てました。そして、いきなり私の体の中で最も敏感な突起をゆさぶるように左右にこすりつけてきたんです。急激な快感に襲われました。

「ひっ、くっ、ダメダメ、あくぅ！」

私の全神経が、クリトリスに集中していくようでした。

「いやらしいな、こんなに勃起させて」

からかうように言って、塾長先生がクリトリスを下から上にリズミカルに弾いてきました。太腿がブルブルと震え、耳の奥で激しい鼓動が鳴りはじめました。

「や、やめてください、おかしいです、こんなの……」

私は口ではそう言いながら、膝がゆるゆるとゆるんでいくのを止められませんでした。背筋をそらして、腰を入れ、恥骨を突き出すようなポーズを取ってしまいました。

「やっぱり、さわってほしいんじゃないか」

「ち、違います……私、そんな女じゃ」

塾長先生の右手の指先が驚くほどに振動して、クリトリスを集中攻撃してきました。年季の入った愛撫に私が身悶《みもだ》えていると、こう聞いてきたんです。

「じゃあ、やめるよ。さわらなくていいんだね？」

私は髪留めで束ねた髪をあせったように振り乱して、懇願してしまいました。

「イヤッ！　さ、さわってください！」

観念した私は脚を大きく開いて塾長先生の指を受け入れました。ワンピースの中で自分の陰部をいやらしくまさぐる指づかいが、目に見えるように伝わってきました。

「あッ、そこ、そんなに……いッ、感じちゃう！」

やがて、さんざんクリトリスをいじり回した中指が、その役目を親指にバトンタッチして、股間の奥へと進んできました。親指で上から下にクリトリスをなでおろしながら、人差し指と薬指がヌルヌルの小陰唇を左右に広げました。そして、ヴァギナの割れ目を何度も往復した中指が、膣口にゆっくりと入ってきたんです。

「ああ、入れちゃ……うんですね。んん、はうっ」

膣の中にはたっぷりと愛液が溜まっていたようで、塾長先生の中指はスムーズに出入りを繰り返しました。すぐさま中指に薬指が加わり、二本の指が絡まりながらヌルッ、ヌルッと膣の奥まで突き入れられてきました。

「こんなに濡れてるのに、指を締めつけてくるよ、藤沢さん」

私はもう、がに股になるほど脚を広げ、グッ、グッと腰を突き出して、節くれ立った二本指の挿入を受け止めるしかありませんでした。

すると、塾長先生が私の羞恥心を逆なでするように言いました。

「そんなに腰を振って……恥ずかしくないの？」

私が言葉を詰まらせると、塾長先生はスナップを利《き》かせるようにして、さらに激しく私の中に指を出し入れさせました。

グチャッ、グチャッ、グチャグチャッ……。

駐車場の薄暗がりの中に、気が狂いそうなほど淫らな音が響き渡りました。

「イヤイヤ、こんなの……お、おかしくなっちゃう」

快感に呑み込まれそうな私の中に挿入した二本の指を上下に出し入れし、左右にゆさぶり、グチャグチャとかき混ぜながら、塾長先生が聞いてきました。

「気持ちいいのかい？」

私はイヤイヤと髪をゆらして、「す、すごく……」と答えました。すると塾長先生は指の出し入れに加えて、左手でクリトリスをいじりはじめ、こう言いました。

「藤沢さんは、ドMなだけじゃなくて、淫乱なのかもしれないね」

私はほてった顔が、さらに熱くなるのを感じました。自分が淫乱な女などとは思ったこともありませんが、腋やお尻の割れ目に汗が流れるのがわかりました。

「はっ、はぅ、イジワルです……塾長先生」

そう言う自分の声に甘えるような響きを感じて、さらに興奮してしまいました。私はそれをごまかすように、塾長先生のズボンの前に右手を伸ばして、ペニスをまさぐっていました。ズボン越しのペニスは柔らかいままでした。

「さっき言っただろ。そこは役に立たないんだよ」

私は柔らかいペニスをいたわるように愛撫しながら、頭の中で、塾長先生は本当にもうセックスができないんだ、と悲しくなっていたような気がします。

「硬いモノが欲しいだろうけど、申し訳ないね……」

塾長先生はそう言って、クリトリスをこね回しながら、二本の指をラストスパートのように出し入れしはじめました。女のツボを熟知した愛撫。すごく男らしい指入れの動きなのに、男性としての機能がないなんて、信じられませんでした。

「あッ、もう……イク、イッちゃいます、塾長先生！」

私は昇り詰めるとともに、エッチな潮を垂れ流してしまったんです。すると、やさしい笑顔を浮かべた塾長先生が、満足したように言いました。

「こんなにおもらしして、いけない子だね」

それ以来、私はノーパンノーブラで塾の受付をしなければいけなくなってしまったんです。塾長先生がしょっちゅうお尻をなで回したり、もんだりしてきます。目で合図をされると、スカートをめくって見せなければいけません。そして仕事が終わると、ご褒美としてたくさん責めてもらうんです。

そして、あれは年末も押しつまったころでした。

誰もいなくなった塾の教室で、私がオナニーをさせられているときでした。机の上でM字に脚を開いて、腰を突き出し、小陰唇を広げていました。

「見てください、こんなにトロトロに濡れて、いやらしい私……」

そう言って二本の指をヴァギナに挿入して、グチュグチュとかき回しました。

塾長先生は私の股間にかぶりつくようにして、凝視していました。

すると突然、興奮した声が聞こえたんです。

「おおっ、俺の息子が元気になったぞ。信じられん！」

すっくと立ち上がった塾長先生がズボンとトランクスをおろすと、見事にカリの張ったペニスが隆々とそり返っていました。

「はっ、はぅ……す、すごい」

私は思わず塾長先生の足元にしゃがんで、カチカチに勃起したペニスの裏筋を舐め上げ、亀頭を転がすように舌を絡ませていました。それから口の中いっぱいに唾液を溜め、根元まで咥え込んで、ジュブジュブと音を立てて出し入れしました。

たっぷりと味わってから、自分の唾液にまみれたペニスを吐き出し、ヌルッ、ヌルッとしごきながら、私は塾長先生を見上げてこう言いました。

「私の淫乱なオマ〇コを、この硬くなったチ〇ポでふさいでください……」

それから私は立ち上がって机に手を着き、両脚を開いてピンと張りつめ、お尻を大きく突き出し、立ちバックのポーズで挿入をおねだりしていました。

「よし、いくよ！　これもスケベな藤沢さんのおかげだ」

塾長先生が背後から私のお尻に指を食い込ませて、亀頭を膣口にあてがうのがわかりました。そのまま音が聞こえそうな勢いで、ペニスが挿入されてきました。

「あぁーッ、いっぱい、いっぱいくださいーッ！」

私にとって息子を産んで以来、つまり十七年ぶりのセックス。よみがえった塾長先生の逞しいペニスに責められて、身も世もなく乱れてしまったのです。

あれ以来、二人だけの秘密の関係はいまも続いています。

バツイチ美人ＯＬから強引に誘われた私
勃起ペニスを欲望のままに弄ばれ……

木村和生　会社員・二十八歳

私の会社には、バツイチの年上ＯＬがいます。名前は明日美《あすみ》さんといい、仕事もバリバリできるキャリアウーマンです。

いまどきバツイチなど珍しくはないかもしれませんが、離婚した元旦那さんは相当にひどい男性だったようです。

浮気やＤＶに加えて内緒の借金まであったらしく、そのときの苦労を彼女は何度も周囲に語っています。

「もう男にはこりごり。結婚なんて二度としないから」

そう口癖のように言ってはいますが、まだ三十七歳で凛《りん》としたタイプの美人です。子どももいないし、その気になればいくらでも新しい男を捕まえられるはずです。

ただ私も含め会社の男たちは、誰も彼女に手を出しません。

もともと気が強く、仕事でも我を通すタイプです。私もしょっちゅう叱られたし、人前で男の上司とやり合うこともしばしばでした。

そんな女性だけに、下手に怒らせてはひどい目にあうと、みんな彼女とは距離を置いているのです。

なんでも以前に酒の席で、彼女を口説こうとした別の会社の男性が、平手打ちを食らってしまったのだとか。

そういった噂もあるので、彼女とは仕事でのつきあい以外は一線を引いていました。飲みに誘ったりはもちろん、プライベートにも深く立ち入ったりはしません。

ところが、ある日のことでした。

ちょうどその日は会社の飲み会があり、私も明日美さんも参加していました。

彼女は女性社員とのグループで、私は仲のいい同僚とのグループで別れて飲んでいました。するとしばらくして彼女が酔いつぶれてしまい、誰かが家に送り届けることになったのです。

正直、誰もやりたがらないその役割を命じられたのが私でした。

たまたまタクシーで帰りが同じ方角というだけで、皆から押しつけられたかたちです。気が進まなかったものの、放っておくわけにもいかないので仕方ありません。

「だいじょうぶですか？　体を支えますからしっかり歩いてくださいよ」

「うるさいなぁ、わかってるって！」

足元がふらついて自力では歩けないのに、彼女は文句ばかり言ってきます。こんなに酒癖が悪くては男も寄りつかないはずだと、私は内心あきれていました。

タクシーでマンションにたどり着いてからが、またひと苦労です。

どうにか部屋の前まで運んだものの、彼女はぴったりと私に寄りかかって、離れてはくれませんでした。

「ほら、ちゃんと最後までお世話しなさいよ！　せっかくここまで来たんだから」

私のことはすっかり手下扱いで、鍵を開けて靴を脱がせるのまですべて人任せです。

うっとおしく思いつつも、実を言えばスケベ心も少しはありました。脱いだ靴から出てきたストッキングに包まれた足や、体に押しつけられた胸の感触など、どうしても女の体を感じてしまうのです。

それでも相手が相手だけに、よけいなことは考えないようにしました。まちがって下心を出してしまったら、どんなとんでもない目にあうかわかりません。

「ねぇ、ベッドまで運んでよ！」

「はいはい、わかりました」

部屋にまで上がり込んだ私は、言われるままに彼女を寝室まで運びました。

一人暮らしですが、部屋はきれいに片づいています。寝室には二人分の大きさのベッドがあり、おそらく結婚していたときに使っていたものでしょう。

ようやくベッドに彼女を寝かせ、これで面倒な役割から解放されると思ったそのときでした。

「ちょっと待って！」

彼女はそう言って、離れようとする私の腕をつかんで引き寄せたのです。

さっきまで自力では歩けないほど酔いつぶれていたはずなのに、ものすごい力でした。私はよろけてベッドに倒れ込み、彼女の体の上におおい被さってしまいました。

「せっかく女の部屋に上がり込んどいて、何もしないで帰るつもり？」

彼女から、驚くようなことを言ってきたのです。

「えっ、ちょっと待ってくださいよ。本気じゃないですよね？」

「そう見える？」

今度は私の首根っこを抱き、強引にキスをしてきました。

まさか彼女がこんなことをしてくるなんて、思いもしませんでした。私は頭が混乱したまま舌を受け入れ、されるがままになっていました。

ようやく唇が離れると、彼女はベッドから起き上がり服を脱ぎはじめました。

「いや、まずいですよ！　ここまで送ってきただけなんですから」

私が止める声など無視し、手早く上着もスカートも脱ぎ捨ててしまい、あっという間に下着姿になってしまいました。

「ほら、いい体してるでしょう。これでもまだ、その気にならないの？」

彼女が自分で言うように、顔だけでなくプロポーションも抜群です。ウェストもくびれて胸の大きさもそこそこあり、まるでグラビアのモデルのようでした。

ただ私は、彼女の下着姿を見てもなお、どうにかしてこの場を切り抜けなければと思っていました。

「落ち着いてください。男なんてこりごりだって、いつも言ってたじゃないですか」

「あれは、つきあうならそうって言っただけ。結婚なんてもうしたくないけど、セックスなら別よ。ほんとうはずっと男日照りで、毎日体が疼いていたんだから」

どうやら私は、まんまと彼女の罠にはまっていたようでした。最初から自分の部屋に連れ込むことが目的で、酔ったふりをしていたのでしょう。

「あなただって、まったくその気がないわけじゃないんでしょう？　ほら」

いきなり彼女は、私の股間をわしづかみにしてきたのです。

驚いて腰を引こうとする私に、彼女はなおも強引に股間をもみしだいてきました。

「ふふっ。あんなこと言っといて、もうこんなに硬くなってるじゃない」

「えっ、いや……」

実際、彼女の裸を見て興奮していたのは事実でした。それに強引にキスをされたときも、お酒くさい息に顔をしかめつつ、ちゃっかり舌の感触を味わっていたのです。

そのまま彼女は私を抱きながら、再びキスをしてきました。

この時点で私は、もう観念するしかないと諦めました。

だったら自分も楽しむしかないと思い、私からも彼女の体に手を出しました。ブラジャーに包まれた胸をもみ、ついでに腰やお尻のあたりをなでてやります。

たっぷり時間をかけてキスをしたあと、顔が離れるとすっかり彼女はとろけた表情になっていました。

「もう体に火がついちゃったから……責任取ってよね」

そう脅すように言いながら、私をベッドの上へ引きずり込みました。

酔っているせいか、彼女はキス魔に変身していました。私を寝かせて腕を絡めながら、唇だけでなく頬から首筋にかけてもやたらキスをしてくるのです。

おまけに手はしつこく股間をつかんで離そうとしません。上と下の両方で私が逃げられないようにしているのです。

「ああ……久しぶりの男の匂い。たまんない」

どこかのスケベオヤジみたいに、スンスンと私の匂いまでかいでいます。

仕事中の彼女はとてもまじめで、くだけた態度など見せたことがありません。それだけに、こんな一面があったのかと驚きでした。

ようやく体が離れたかと思えば、彼女は乱暴に私の服を脱がせはじめました。

「ほら、脱いで脱いで。早く裸を見せて」

途中でシャツのボタンがいくつか飛んでもお構いなしです。シャツに肌着も脱がされ、上半身を裸にされてしまいました。

昼間の仕事で体はかなり蒸れています。そんな汗くさい体でも、彼女はよろこんで顔を埋《うず》め、舌を這わせてきました。

ここまで私は、好きなように体をいじり回されるばかりで、何もできませんでした。

とはいえ、ねちっこく舐められていると、こそばゆい刺激に体が反応してしまいます。特に乳首を重点的に責められました。

「どう、そろそろこっちも舐めてほしくなったんじゃない？」

彼女は再び、私の股間をつかみながら言いました。

私が「はい」と返事をするのを彼女は期待しています。というよりも舐めたがっているのは明らかに彼女のほうでした。

「はい、お願いします……」

「あはは、正直ねぇ……じゃあ、いっぱい舐めてあげちゃおうかな」

そう陽気な声で言うと、私の下着まですべて脱がせてしまいました。

「やだ、すごいじゃない！　こんなに大きいなんて」

勃起したペニスを見て、彼女は目を丸くしながら、私の顔と見比べていました。

そこまで大げさに言われると、うれしくもあり恥ずかしくもあります。自慢できるようなサイズではありませんが、硬さと角度には自信がありました。

彼女はまずペニスの匂いをかぎ、それからおもむろに、亀頭を呑み込んでしまいました。

「ううっ……」

いきなり襲ってきた刺激に、私は思わず声を出してしまいました。

彼女の唇はすっぽりとペニスを咥え込んでいます。根元近くまで含んでいるのに苦しそうな顔もせず、そのまま頭をゆっくりと動かしはじめました。

「ンンッ、ンッ……」

彼女が唇を上下に動かすたびに、色っぽい声が洩れてきます。絡みつくようにこすりつけながら、口の中では舌がいやらしく動き回っていました。

ペニスのあちこちを舐めつづけます。

会社では男勝りで誰にもこびを売ったりしないのに、私の股間に顔を埋めておいしそうにフェラチオをしているのです。彼女のこんな姿は、とても想像ができませんでした。

「ね、じょうずでしょう?」

ずっと咥えつづけていた彼女が、いったん口を離して私に聞いてきます。

私がうなずくと、満足そうな顔で再び咥えはじめました。すっかり気分をよくし、これでもかとテクニックを見せつけてきます。

おかげで私は、必死になって快感を耐えなければいけませんでした。

ただでさえ興奮していたのに、これ以上フェラチオを続けられると爆発してしまいそうです。このまま我慢をするか、それとも急いで中断してもらうか迷いました。

そうしてあれこれ考えているうちに、こらえきれないほどの快感が押し寄せてきたのです。

「あっ……!」

あわててペニスを唇から引き抜こうにも、間に合いませんでした。

とうとう、彼女の口の中で射精が始まりました。ドクドクと精液が溢れ出すと、気持ちよさで体がとろけそうになりました。

しばらく時間が過ぎ、ようやく快感が収まったころ、彼女にペニスを咥えさせたままだったことに気づきました。

いきなり何も言わずに、口内射精をしてしまったのです。さすがに怒られると思いました。

「すみません、つい……」

「いいからいいから、気にしないで……」

ところが彼女はなんでもない顔で許してくれたのです。それどころか、私が口に出した精液まで吐き出さずに飲み込んでいました。

これが仕事のミスだったら、手厳しく叱られていたでしょう。ベッドの上での彼女は別人のような優しさでした。

もっとも、優しい一面を見せてくれたからといって、彼女の性欲が収まったわけではありません。

射精したばかりの私に、こう聞いてきたのです。

「まだできるよね？　こっちは体が疼いて我慢できないんだからね」

休む暇もなく、ベッドに大の字になって私を手招きするのです。

「私も気持ちよくしてちょうだい。いっぱい舐めてあげたんだから、倍ぐらいお返ししてよね」

こういう人使いの荒いところは、ふだんと変わりありませんでした。

私は命令されるままに、まず横たわった彼女の体から下着を脱がせてやりました。

ブラジャーをはずすと、きれいな形をした胸がこぼれてきます。三十代の半ばにしては形も崩れずに、乳首も薄い色のままでした。

「子どもを産んでないからきれいでしょう？　いっぱい吸ってもいいのよ」

私は言われたとおりに、乳首を口に含んで吸い上げてやりました。

「んっ、いい……その感じよ」

彼女は私の愛撫に、そう声を出してこたえてくれました。

自分がしてもらうのと同じように、舌で乳首を転がしてねぶりつづけます。反対の乳首も指を使って軽くいじってやりました。

「んんっ……」

しばらくすると、彼女は鼻にかかった声を出して私の頭に手を回してきました。

どうやら感じはじめると、呼吸まで荒くなってしまうようです。しきりに息を喘がせながら、腰をもじもじと動かしています。

私も彼女の体をさわりながら、ほどよい肌の張りとやわらかさに興奮していました。

胸をまさぐっていた手を下へ伸ばし、下着を脱がせて指を股間に忍び込ませます。

ザラザラとした陰毛の下には、盛り上がった肉が二つに割れていました。割れた谷間をさわってみると、生温かい液がぬるりと溢れています。

「ああんっ！」

指がクリトリスにふれたとたんに、彼女の声がいちだんと大きくなりました。

私は乳首を吸うのを止め、感じている顔を近くから観察することにしました。彼女のこんな表情は、めったに見られるものではないと思ったからです。

膣に指を入れて動かすと、短く喘ぎながら色っぽく顔をゆがめています。

「あっ、あっ、ああっ……もっと奥まで、あんっ」

せがまれて膣の奥へ指を届かせるたびに、ぬるぬるになった穴が指を食い締めてきます。感じると、あそこの締まりまでよくなってくるようです。

さらに激しく動かしてグチョグチョにさせたところで、いったん指を抜いて股間を観察しました。

陰毛はすっかり毛羽立って、割れ目はぽっかりと口を開いています。その奥に見える穴から、愛液が大量に糸を引いていました。

「すごいですね、これ……」

あまりの濡れっぷりに、私は指で愛液をすくいながら言いました。

彼女はそれを見ても恥じることなく、私に顔を近づけてきます。

「言ったでしょう。男日照りでずっと体が疼いてたって。こんなに濡れさせたんだから、ちょっと抱いたぐらいじゃ帰さないからね……」

まるで脅迫のような口ぶりですが、逆にそれだけ私とのセックスを期待しているのです。男として張り切らないわけにはいきません。

そのまま私は彼女を組み敷き、すぐにでも挿入できる体勢になりました。

「コンドームは、つけなくてもいいんですか?」

「さっき一回出したから平気でしょ。そのまま入れても、だいじょうぶよ」

彼女は、あっさりと生で入れることを許してくれました。

だったら私も、遠慮する必要はありません。彼女が期待しているように、私も彼女の体がどんな具合なのか、ワクワクしていました。

さっそくペニスの先を膣の入り口にあてがい、腰を押しつけます。

ぐぐっと穴の内側にすべり込むと、あとは一気に奥まで突き刺しました。

「ああっ！　すごいっ……」

入ってしまうのと同時に、彼女は私の下でのけぞりながら喘いでいました。

私も腰に広がる快感で、しばらく動きが取れませんでした。深く挿入したまま彼女と体を重ね、じっくりと感触を味わいます。

「たまらなく気持ちいいですよ！　ヤバいくらいです……」

「私もよ……なんだかあなたとは、体の相性もいいみたい」

彼女からお墨つきをもらえたので、張り切って腰の動きを開始しました。

ペニスを出し入れさせると、そのたびに熱い締めつけで快感が高まりました。さっき指で確かめたように、彼女を感じさせると締めつけてくれるのです。

それ以上に興奮したのが、彼女の乱れる姿です。ふだんの凛とした姿をよく知っているだけに、淫らに喘いでいる表情とのギャップがたまりませんでした。

「いいっ、もっとしてっ！　私をメチャクチャにしてっ！」

私が激しく腰を打ちつけると、彼女のおねだりもエスカレートしていきました。

もともと彼女は、優しく抱かれることなど望んではいないようです。どれだけ激しくしても感じてくれるし、逆にペースを落とすと不満そうにしています。

おかげで私は、休むこともできずに汗びっしょりでした。それでも彼女の体は抱き心地もいいし、仕事でこき使われるのとは天地の差です。

「こうすると、どうですか？」

今度は彼女の体を抱きかかえて、正面から向かい合いました。

この対面座位のかたちだと、私はあまり動かずにすみます。おかげで少しだけ休むことができましたが、彼女の腰が荒々しく動きはじめました。

「いいじゃない、これ。こっちのほうが好きに動けるし、私に合ってるかも」

そう言うと、マイペースでグイグイと腰を押しつけてきました。

下になっている私は、体重をかけられ体も支えなければなりません。これもなかなかハードな役割でした。

そうやって二人でいろんな体位を試し、最後には正常位に戻って腰を振りました。

「そろそろ、イッてもいいですか？」

私が聞くと、彼女は「うん、いいわよ」と言ってくれました。

「そのかわり、ちゃんと私の中でイッてね。抜かなくてもいいから、気持ちよくなってるところを見せて」

まさかの、中出しのおねだりです。それだけ彼女も気分が高まっていたのでしょう。

そこまで言われたのなら、望みどおりに中に射精してやることにしました。すでに快感は限界まで来ています。ペニスを抜かずに腰を押しつけてやり、膣の最も深いところに届かせました。

「あんっ、来てっ、来てっ！」

私が動きを止めると、彼女も下からギュッと手を絡ませ、私を離そうとはしませんでした。

「出る、出ますっ！」

とうとう私は、彼女の膣の中で発射してしまいました。

射精する私の顔を、彼女は真剣な眼差しで見つめています。最後まで見届けると、ようやく手の力をゆるめて、体を自由にしてくれました。

その後も私たちは休憩を挟んで、二回目、三回目とセックスをしました。

なにしろ相手は、欲求不満のかたまりのような女性です。私が満足をしても、そう簡単には終わらせてくれませんでした。

最後は私がヘトヘトになり、「もう勘弁してください……」と泣きついて、ようやく解放してもらえたのです。

気がつけばもう夜も明けそうな時間で、彼女のマンションを出たその足で、会社に向かわなければなりませんでした。もちろんその日は疲れと寝不足で、ろくに仕事もできませんでした。

もっとも、そのおかげで私は彼女に気に入られ、いまもたびたびマンションに呼び出されてセックスをしています。

体だけの関係と割り切っているので、変にこじれたり後腐れもありません。気持ちよくセックスさえできれば、彼女も満足してくれます。

ただ彼女と会うときは体力が必要なので、内心もう少し性欲を抑えてくれたらなぁと思っています。

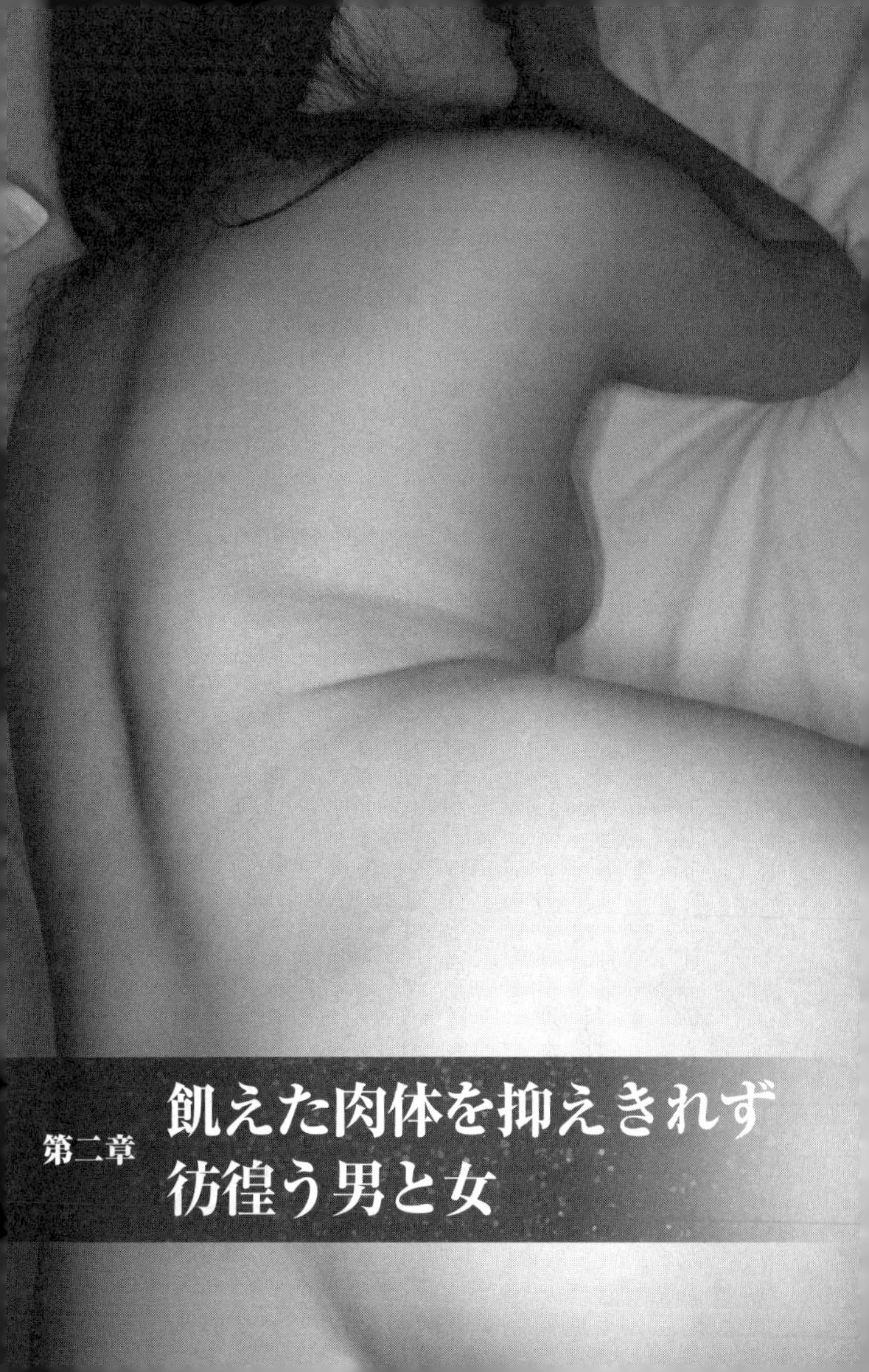

第二章 飢えた肉体を抑えきれず彷徨う男と女

小料理屋の美人女将とねんごろになり中出しセックスで超濃厚な精汁を放出！

吉野紘一　会社員・三十二歳

私はまだ未婚なのですが、将来を約束した彼女がいます。

彼女とは交際期間も長く、お互いの気持ちも確認しています。できれば彼女が三十歳になるまでには結婚したいとは思っているのですが、本音を言えばもう少し独身生活を楽しみたいという気持ちもあります。

ただ彼女には、一つだけ不満な点があります。それは、あまり料理が得意でないということです。もともと外食好きで、実家にいるときからほとんど料理はしていなかったようです。

かくいう私も料理などはほとんどしないので、どうしてもデートのときは外食ばかりです。

最近は外食産業も充実しているので困ることはないのですが、それでもたまには彼女の手料理が食べたいと思うこともあります。

それもいかにも外食というのではなく、素朴な煮物のような本当に母親の作るような家庭的な料理が私の好みなのです。

しかし料理をする男も少なくないいま、それはやはり男のぜいたくというものなのでしょう。

そんなこともあり、私は自分の好みである家庭料理の店を探すようになりました。そしてとうとう、ある一軒の小料理屋を見つけたのです。そこは女将が一人で切り盛りする小さな店なのですが、幸《みゆき》さんというその女将が作る小料理というのが、実になんとも私好みの味だったのです。

見た目は一見地味ですが、味わい深く、毎日食べても飽きがこないほどです。私は足しげくその店に通うようになり、常連になっていきました。ただしそのかわり、自分の彼女と外食に行く機会はめっきり減っていきました。

一度か二度、彼女もその店に連れていったのですが、基本的に洋食好きの彼女の口には合わなかったようです。

「へえ、こういうのが、紘一《こういち》さんの好みの料理なんだ」

そう言っただけで、彼女もそれ以上気にした様子はありませんでした。なので私も気にすることなく、心行くまでその女将の料理を楽しんでいました。

そうなると私もすっかり店の常連となり、幸さんとも親しく話すようになっていきました。

彼女の店は、もともとご主人と二人で経営していたそうなのですが、彼女の夫が出入りの食材屋の若い女と浮気をして、離婚してしまったそうです。けれど店を手放す気にはなれず、バツイチの身となってからは、たった一人で店を続けているということでした。

もともと小さな小料理屋を一人で切り盛りしているので、客はそれほど多くはありません。

また彼女は私より年上ということもあり、雰囲気もとても落ち着いています。外見の派手さこそありませんが、なにより彼女の料理の味が気に入っているということと、その落ち着いた雰囲気に、すっかり私はいやされる日々を送っていました。

それに普段店に出るときは和服姿というところも彼女に似合っていて、いかにもこの落ち着いた店の雰囲気に合っているのです。

ただ誤解してほしくないのは、あくまで私が好きなのは自分の恋人であり、彼女と別れることなど少しも考えていませんでした。

とはいえ、私も健康な男です。次第に幸さんを、一人の女性として見るようになっていきました。

ほとんど毎日彼女の店に通ううち、彼女のほうも私を憎からず思っているのではないか。そんなふうに考えるようになっていったのです。


幸さんを抱きたい。あの家庭的な彼女は、私の前に肌をさらしたらどんなふうに乱れるのだろう。

そんなことを考えながら、閉店近くまで彼女の店で酒を飲んでいました。その酔いも手伝って、私は思いきって「今夜は泊まっていってもいいですか?」と頼みました。

もちろんお互いに、いい年齢の男女です。私がなにを求めているかは、わかっていたことでしょう。

彼女は少し困ったようにためらってから、やがて小さくうなずくと、私を店の奥に招き入れてくれたのです。

「幸さん……」

そっと抱き締めると、彼女は小さな喘ぎ声を洩らしました。私の股間もとっくに大きく膨張しています。そこを彼女の下腹部に押しつけるようにすると、いやがる様子もなく、それどころか自分から身を寄せてきたのです。

私はすっかり興奮し、彼女の唇を奪いました。

するとどうでしょう、あの清楚で家庭的な幸さんのほうから舌を差し入れてきたので、私の興奮は増すばかりでした。やはり年上の女性は、それなりに経験があるのだなと感心することしきりです。

私の彼女は、ここまで大胆なことはしてくれないでしょう。

しかし私は、幸さんを好きになったわけではありません。ただ突き上げるような肉欲に支配され、彼女の腰や尻、太ももを夢中でなで回していました。

「あぁ、吉野《よしの》さんっ！」

れろれろと舌を絡めたあと、私は彼女の首筋に顔を埋《うず》め、細く白い首筋をしゃぶり回しました。

むっと押し包んでくるような、大人の女の香り。そしてわずかに料理の残り香があります。

私はまるで彼女の味見をするように、その体臭を胸いっぱいに吸い込み、吸いつくような白い肌を味わいつづけました。

すると彼女も、我慢できなくなってきたのでしょう。私の髪をなでさすりながら、ぐいぐいと乳房を押しつけてくるのでした。着物越しにもはっきりとわかるほど、乳首は硬くしこっています。

とてもじゃないが、これ以上我慢することはできない。そう思った私は、彼女の手を取って股間にあてがいました。

するといつも繊細で家庭的な料理を作ってくれる彼女の手が、器用にジッパーを下げ、私のモノを取り出しました。そうしていかにも慣れた手つきで、それをしごきだしたのです。

「き、気持ちいいですよ、幸さん……」

「すごい……もうこんなに硬くなってます」

目元を赤らめつつも、大胆にイチモツをしごくその顔に、私は彼女の本当の素顔を見たような気分になりました。

幸さんは、私に彼女がいることを知っているはずです。その辺は、きっと割り切っているのでしょう。いまはただ欲望に任せて、快楽をむさぼっていることがありありとわかるのです。

私は彼女にしごかせながら、着物のすそから手を差し入れました。

すると驚いたことに、彼女は下着をはいていませんでした。和服や浴衣を着るときは下着をつけない女性がいるとは知っていましたが、もしかすると彼女もこうなることを期待していたのかもしれません。

「幸さんのここも、もうぐっしょりですよ。ずいぶん感じやすいんですね」

そう言うと、彼女は恥ずかしそうに腰をくねらせました。しかしそんな恥らいとは裏腹に、彼女の奥からはどんどんといやらしい蜜が溢れ、私の手首まで濡らすのです。

そのくせ右手に握ったモノは絶対に放そうとしない淫らな素振りに、私ももう我慢できないと思いました。

そこで思いきって襟元に指をかけてぐいと広げてやると、思ったとおり彼女はブラもしていなかったのです。

さすがに私の行動に驚いたのでしょうか、小さな悲鳴をあげて彼女がよろめきました。

その体を支えるようにして、私はすぐ後ろにあった布団に彼女を押し倒しました。ベッドではなく布団というのも、彼女らしいと思いました。

そのまま両肩口を押さえつけるようにして、さらに襟元を大きく広げると、目を刺すような真っ白な肌、そして肉球の膨らみとピンク色の乳首が丸見えです。ここまで来ると、彼女もそれ以上抵抗する気はないようでした。

手足を少し投げ出すような格好の彼女の着物を脱がせ、全裸にしていきます。その裸体は年齢相応にたるんでこそいましたが、むしろそのほうが私の興奮をそそりました。

全裸にしたあと、軽く膝を立たせて股を広げさせると、真っ白な下腹部に黒々としたアンダーヘアが見えました。

「とてもいやらしい体だ……幸さんも僕が欲しかったんですね」

「は、恥ずかしい……」

私はズボンと下着だけ脱いで、いよいよ先端を彼女のそこに近づけました。

正直、私の彼女と違って年上の女のそこに締まりなど期待していませんでしたが、それでも先端をグニリとねじ込むと、彼女は体をそらすようにして甘い声で悶《もだ》えるのです。

「すごい、中がトロトロですよ。こんなの初めてだ……」

言葉責めというほどのものでもないのですが、耳元でささやいてやると、彼女は両腕で顔をおおってうめきました。

彼女が、十分すぎるほど感じているのは確かです。思ったとおり、それほどの締まりはありませんでしたが、とにかく愛液の量が多く、布団には大きなしみができていました。

するると、なんと彼女は、両足を持ち上げて私の腰を挟み込んできたのです。

「うぅっ、そ、それは……」

あの万事において控えめな彼女の大胆な振る舞いに刺激され、私も責めに転じることにしました。

とろとろの蜜で溢れた、熟女の淫らな穴の奥の奥までずっぷりとねじ込んでやり、激しく腰を振り立てます。彼女は私の腰を両太ももで挟み込んだまま、髪を振り乱して悶えつづけました。

普段はきっちりと結い上げている髪はいつしか乱れ、白い布団の上に広がっていました。

それは私が自分の彼女とするときにはけっして見られない、なんとも興奮する光景だったのです。

そのころには私も彼女の中の感触にすっかり慣れ、大きなストロークで彼女の中を堪能《たんのう》していました。

締まりはともかく、彼女の中の淫らさは、私がそれまで味わったことのない快感をもたらしてくれました。

「はぁっ、はっ、あはぁんっ！　すごい、すごいです！　もっと突いて、もっと奥まで入ってきてくださいっ！」

そのときの私の脳裏には、もう自分の恋人の姿はありませんでした。

もちろん、幸さんのことが好きになったわけではありませんでしたが、彼女のあまりの乱れように、私も我を忘れていました。

気がつけば私は、込み上げる射精感を、唇を噛んでこらえていました。それほどまでに彼女の蜜に包まれるのは心地よく、それは若く締まりのいい自分の恋人のアソコよりも、ずっと包容力があることに気づいたのです。

「幸さんっ、ううっ、気持ちよすぎて、もう出てしまいそうですっ！」

「だ、出してください……中に、中に思いきり、あなたの熱いのを、注いでくださいっ！」

彼女のその言葉には、さすがの私もためらわれました。

なぜなら私が本当の意味で幸さんを愛していないことは、彼女自身も承知しているはずだからです。

いくら小料理屋の常連とはいえ、いきなりのセックスで中出しを要求されるとは、思ってもいませんでした。

しかし、体の下から彼女は私を見上げ、うっとりとうるんだ眼差しでうっすら微笑んだのです。

「本当は……いつかこういうふうになるんじゃないかって、自分でも思っていたんです。だから、いつされてもいいように、避妊はしっかり対策していたんですよ。だから、大丈夫です……」

彼女が私を憎からず思ってくれていたことはうすうすわかっていましたが、まさか今日という日のためにそこまで準備していただなんて、私は驚くとともに少し感動すらしていました。

それは男女の愛情とも少し違う、幸さんという一人の人間に対する、信頼というものだったのだと思います。

「わ、わかった……じゃあ本当にあなたの中に、中で射精しますよ。いいんですね？」

「ええ、来て……あなたの硬いもので、思いきり奥まで突いて！　私のいちばん深いところで、発射して……あぁっ、すごいっ！」

私は彼女が言い終える前に、ラストスパートに入りました。もうこれ以上、射精を我慢することなどできないと思ったのです。

そうして欲望に身をまかせ、大きく腰を振り立てて腰を突き出すと、ペニスの先端がコツリと硬いものに当たるのを感じました。

「ああっ、子宮にっ！」

どうやら子宮口と思しき部分に到達すると、また大量の愛液がどっと溢れ、私をやさしく包み込んできました。

彼女は子宮が特に感じやすいのか、一突きするたびに「はあん！」と甘い声をあげて、体をそらせるのです。

「すごい、こんなのは初めてだ……くっ、もう出る、本当に出てしまいますよ！」

「ひい、ひい、私もイキます！　子宮突かれて、頭がおかしくなりそう……はあああああっ！」

そのとき、彼女の膣が、すごい勢いで私を締めつけてきました。どうやら最初の絶頂に達したようで、これが本当の彼女の中の感触だったのかと、私は驚愕せずにはいられませんでした。

もっと、この締めつけを感じていたい。

そう思った私は、限界を迎えてもおかしくない射精をこらえ、さらに彼女の子宮を突きまくったのです。

彼女は二度、三度とアクメに達し、もはや言葉すら出せません。ただ髪を振り乱し、白い裸体をくねらせ、ひくひくと何度も何度も痙攣を繰り返し、手足を硬直させるばかりでした。

締めつけはますます強く、射精の予感がいよいよ強くなってきます。

「も、もう……ううっ！」

もうだめだと悟った私は、最後の一突きを彼女の子宮の奥に繰り出したのです。

私のモノから迸《ほとばし》った熱いかたまりが、彼女の子宮に注がれていきました。

それは自分でも驚くほど長く続き、そして彼女の中はそれを一滴残らず受け止めたのです。

彼女は「イク」という言葉すら発せられない状態でしたが、まちがいなくその日いちばんの強烈な絶頂を迎えているのは明らかでした。そのあと、どれほどの時間、挿入したままの状態で抱き合っていたことでしょう。

気がつけば、外は真っ暗な深夜でした。そしてお互いに強烈な快感を迎えた私たちは、さすがに二回目を行う体力は残っていませんでした。

サービスのつもりなのか、やがて彼女は身を起こし、しおれた私のモノをぺろぺろとしゃぶってきれいにしてくれたのです。それはいつもていねいな手際で調理をする姿を彷彿《ほうふつ》とさせ、私は予想以上の大満足のうちに彼女との初めての体験を終えたのでした。

幸さんとの関係は、それからも続きました。

もちろん私にはれっきとした恋人がいるのですから、そう頻繁に関係を持つことはできません。

また、彼女との関係をほかのだれにも知られるわけにもいきません。私が本当に愛し、将来を描いているのは自分の恋人なのですから。

しかしそうは思いながらも、私は彼女との関係にも溺れていました。なにしろ関係を重ねるほどに、私は彼女のセックスに対する貪欲さをますます知るようになったのですから。

恋人とのセックスは、快楽を求めるというよりはお互いの愛情確認といった意味合いが強いのですが、彼女とのセックスはまるで違います。

ただひたすらに愛撫を重ね、相手を興奮に導き、そして絶頂に至る。それがすべてだといってもいいでしょう。関係を重ねていくうちに、私も彼女のどこをどう愛撫すれば感じるのかがわかってきて、より深い快感を得られるようになっていったのでした。

「あぁ、そこダメ！　そこは特に感じやすいの……」

「ああ、知ってるよ……この、お尻の割れ目の上のほうを、ほら、こうすれば気持ちいいんだろう？」

「あひっ！　またイッちゃうっ！」

私はまるで淫らな楽器を扱うように、自在に彼女を愛撫し、悶えさせ、甘い声を引き出すのです。挿入するまでに、そうした弱点への刺激で、数回は絶頂させていまsじた。

　しかし、彼女の方も負けてはいません。

　彼女も相当男慣れしているのか、そして自分のどういう仕草が男をそそるかを十分に承知したうえで、私を誘ってくるのです。

「待って、今度は……私が上になってあげるわ」

　そう言って私をあおむけにさせると、しゅっしゅと手でペニスをしごいて勃起させます。

　手でしごきつつ左手は自分の股間に差し込んで、くちゅくちゅ音を立ててかき回すのですから、男にとってはたまりません。

　しかも彼女の蜜は相変わらずの大量で、腰をやや突き出して私に見せつけるようにすると、股間から垂れ落ちてきた愛液が太ももを幾筋も伝い落ち、私の腹の上にまで垂れ落ちてくるのです。

「あぁ、私もう我慢できない……この太くて硬いモノ、私の中に入れてもいい？」

もちろん、私が断るはずがありません。淫らに腰をくねらせて先端をあてがうと、ずぶずぶと自分の中に呑み込んでいくその様は、熟女ならではといったところでしょうか。

私に完全に跨《また》がった格好になると、彼女は器用に腰を前後させ、うっとりと私のモノの感触を楽しみます。

残念ながら、私の恋人は騎乗位などしたがりませんし、たとえしてくれたとしても、これほどのテクニックは期待できないでしょう。

私は自分の恋人のそういった初心《うぶ》なところを愛しているのですが、幸さんとの濃厚な交わりもまた、異なる悦びがあるのです。

「あぁ硬い……もっと、もっと奥まで欲しいです！」

そう言うと、いよいよ彼女の動きが大きくなっていきます。

腰を強く上下に揺すると、やがて亀頭部分がコツリと子宮に当たり、彼女は大きく体をそらすのです。

「あんっ、当たってるっ！　子宮感じちゃう、感じるうっ！」

彼女もよく心得ていて、私が射精感を感じるとすぐに動きを小さくし、少しでもセックスを長く楽しもうとするのです。

おかげで最初のときに比べると、何時間でも交わりつづけることができるのですが、見方によっては、すっかり彼女に翻弄《ほんろう》されていると言えなくもありません。しかし彼女の貪欲さに私は強く惹かれ、もっとその肉体を味わいたいと思わずにはいられないのです。

やがて彼女が最初の絶頂に達すると、いよいよ我慢できなくなったのか、体の動きが激しくなっていきます。

「はぁあんっ、気持ちいいですっ！　硬いので子宮突き上げられて、これ、たまらないっ！　あぁ、またイクうっ！」

「あぁ、僕も気持ちいいよ……今日も幸さんの子宮に、いっぱい精液を注いであげるからね！」

「ください……中に！　中にたくさん。出してほしいですっ！」

そう言って私と彼女は、何度も絶頂に押し上げられていくのです。

しかし、彼女とのこうした関係は、そう長くは続けられないでしょう。

いずれ私は、自分の恋人と結婚するでしょう。そうなれば以前のような、ただの小料理屋の女主人と常連の関係に戻ってしまうと思います。

それでもあと何年かは、熟女との濃厚なセックスを楽しめることでしょう。当分の間は、彼女と肉欲だけの割り切った浮気を、続けていきたいと思っている私です。

独り寂しく田舎暮らしをする未亡人……疼く身体を朴訥な男たちのチ○ポで鎮め

上杉悦子　無職・五十二歳

三年前、夫が定年を迎えてから、第二の人生を歩むために、この山奥に移住してきました。

一人娘も独立して、以前から夫婦で計画してきたとおり、ここで蕎麦屋《そばや》を開こうとしていたのです。ところが、二人で夢をふくらませ、着々と準備を進めはじめた矢先に、夫はガンで突然あの世に旅立ってしまったのです。私より一回り年上とはいえ、あまりにも早い旅立ちでした。

しばらくは、悪い夢でも見ているようで、茫然自失《ぼうぜんじしつ》の状態でした。

心配した娘が、遠くから泊りにきてくれていましたが、娘にだって家庭があるのに、いつまでも引き留めることはできません。近くにおいでと言ってくれましたが、お嫁に行った娘のお荷物になるのも気が引けて、この地にとどまりました。

それに、安く買った古民家とはいえ、夫と二人で苦労して探し、リフォームも進めてきました。短い期間でも、思い出の詰まった家なので、簡単に捨てることもできませんでした。

一年が過ぎてようやく現実を受け止めるようになると、今度は、とてつもないさびしさと心細さに襲われました。毎日めそめそ泣いてばかりいたのです。

一人になってみて、いかに夫に頼っていたかがわかったのでした。

なんの気力もわいてきませんでしたが、縁もゆかりもない土地で生きていくためには、自ら動くしかありません。

ペーパードライバーなどと呑気なことも言っていられなくなり、慣れないハンドルを握って、麓《ふもと》の市場まで買い出しにいくようになりました。

そこで少しずつ、村の住人と挨拶を交わすようになりました。

驚いたのは、距離がだいぶ離れている人でも、私の事情を知っていたことでした。

何度か顔を合わせるうちに、励ましの声をかけてくれる人と、お話しするようになりました。精神的に弱っていた私にとっては、そんな温かさが救いとなりました。

蕎麦屋は諦めましたが、ほかに何か生きがいを見つけなければならないと思っていたので、そういった地元の人たちとの交流を始めたのです。

主婦たちのお茶会に顔を出し、祭りなどのイベントに参加し、農家の収穫期の手伝いなどもしました。

田舎の人というのは、一度親しくなってしまうと、とことん親切でした。

そうしてつきあううちに、奥さんを通してご主人や、その仲間とも親しくなりました。夫婦でいたときには気をつかって訪ねてこなかった人たちが、気軽に立ち寄ってくれるようになったのです。田舎暮らしには力仕事が多いので、男性の手助けは本当に助かりました。

ちょうど、周囲からの勧めで家庭菜園を始めたので、豊富な知識を持っている村の人たちからは教わることがたくさんありました。

中でもよく面倒を見てくれるのが、農業をしている六十代の耕平《こうへい》さんで、頻繁に菜園の手伝いにきてくれました。

白髪頭を角刈りにして、無精ひげを生やしている彼は、日に焼けた山の男という感じでした。耕平さんも男やもめで、年老いたご両親と暮らしています。パートナーに先立たれたさびしさを共有できたので、話しが弾みました。

夫と同年代ですが、しゃれっ気がないぶん、老けて見えました。親切なおじさんに甘える気分で頼っていたのです。

あんまり優しいので、私に気があるんじゃないかって言う人もいましたが、異性として意識したことはありませんでした。

実は私は、彼ではなく、慎二《しんじ》さんという四十代の男性に惹かれていたのです。慎二さんはまじめな好青年で、年寄りの多い田舎ではまだ若い部類です。お子さんもいるし、奥様とは親しくしてもらっているので、本当はそんな目で見ちゃいけないのですが、盛り上がった若々しい筋肉に目を奪われるようになっていました。

慎二さんが来るとうれしくて、用事を手伝ってもらったあとには、お茶や食事などを出して引き留めていました。

そんな夜には、一人寝のさびしさをいつも以上に実感しました。

冬になるとよけいに人肌恋しくなって、冷たい寝床の中で、彼を思いながらアソコをいじって慰《なぐさ》めることもありました。夫のいなくなったさびしさを埋めるには、女友だちではなく、やはり男性が必要だったのです。

そんな日々が続くうちに、慎二さんへの思いは募《つの》っていきました。田舎では、ほかに気をまぎらわせることもないため、欲求は強くなるばかりでした。

ある日、日曜大工が得意な慎二さんが、わき水を引いた管の不具合を修理しにきてくれることになったのです。

少しでも長くいっしょにいられることが、私はうれしくてなりませんでした。

作業は半日近くかかり、遅くなった昼食をもてなして引き留めました。

せっかくの休日に申し訳ないと言うと、奥さんと子どもは実家に出かけて留守だからヒマだよと答えました。それを聞いて、こんなチャンスは二度とないかもしれないと思ったのです。

彼の気を引くために、襟が大きく開いている、ぴったりしたニットを着ていたので、わざと彼の目の前で屈んでみたりしました。自慢の巨乳を見てほしかったのです。

慎二さんが、オッパイを好きなのは知っていました。

女ばかりのお茶会のときに、慎二さんの奥さんが、うちの人は子どもみたいにお乳ばかりさわるのよと、のろけ気味に話していたからです。

「皆さんに助けていただいて、主人もあの世で喜んでいるわ。本当にありがとう」

そう言ってお辞儀すると、胸の谷間が半分くらい見えていたと思います。彼の視線が、泳ぎながらそこに刺さってきました。

見られると、体がカッと熱くなり、込み上げるものを抑えられなくなっていました。

私は思わず太い首に腕を回して、抱きついてしまったのです。

分厚い肩に顔を埋《うず》めて、男くささを思いきり吸い込んでいました。

夫がいたときは浮気願望なんてまったくなかったし、異性との交流もなかったので、およそ三十年ぶりに味わった新鮮な感触でした。

寝床で想像していたことを実現させてしまうと、歯止めが利かなくなりました。

「少しだけ、こうさせていて。さびしくてたまらないの。ああ、人の体って温かい」

慎二さんは、とまどった様子で体を硬くしていましたが、常々、さびしいと言っていたので、冷たく突き放すこともできなかったようです。

「だ、大丈夫ですよ。奥さんは美人だから、きっとまたいい人が見つかりますよ」

そう言って慰めてくれました。

「そうかしら。でも、もう五十二歳よ、ほら見て。胸も垂れてきちゃって……」

そう言いながら、えいっとニットをめくっていました。Fカップの乳房を見せつけたのです。彼は目をまん丸くして、見つめてきました。

本当は、それほど垂れていません。この美乳は、夫のお気に入りだったので、バストマッサージは欠かさなかったし、若いときより太ったぶん、パンパンに張りつめています。

「まだいけるかしら？　慎二さん、さわってみて」

ちょっと大胆すぎたかもしれませんが、やんわりと誘う余裕などありませんでした。

乳首は恥ずかしいほど立ってしまうし、アソコはムズムズして勝手に濡れてしまうんです。

「まずい、まずいって。ああ、そんなもの見せられたら、俺も我慢できなくなる」

顔を真っ赤にした慎二さんが、にやりと笑って襲いかかってきたときには、イヤなことも悲しいことも、きれいさっぱり吹き飛んでいました。

絨毯の上に押し倒され、大きな手で乳房をもまれると、声が抑えられませんでした。

「あっ！　はあっ、もっとして、はぁん！　すごくいいっ！」

隣近所は数百メートル先なので、どんなに声を出しても大丈夫です。都会から山に来て味わったこの解放感は、もっとも気に入ったものの一つでした。

彼はブラを押し上げて、プルンと飛び出した乳房にしゃぶりついてきました。大きくふくらんだ乳輪ごと、口の中に吸い込まれてしまいました。

「乳首がビンビンに立ってる……エッチなオッパイだなあ！」

両方の乳房を、しっかりつかんだ慎二さんは、その谷間に顔を埋めて、呼吸を荒くしていました。まじめでおとなしい見た目とは裏腹に、興奮を露《あらわ》にした彼の愛撫は激しく、母性をくすぐられるものでした。

この田舎じゃ、男性が遊びにいく場所もないし、彼みたいなまじめな男ならなおさら、奥さん以外とエッチをする機会などないはずでした。

乳房はあっという間に、彼の唾液でネチョネチョにされていました。

「キャッ！　はぁん！　慎二さんたら甘えん坊ね、もっと吸っていいわ……」

冬なのに汗ばんでいる慎二さんの頭を、両手で抱え込んでいました。遊び慣れていない彼は、誘導すれば意のままに動いてくれたのです。

重なり合った下腹部に、かっちりと硬くなったサオが突き刺さる感触がありました。男盛《ざか》りの、惚《ほ》れぼれするような硬さを感じて、女の豆がショーツの摩擦だけでジンジンしびれました。

夫とも定期的に営みはありましたが、さすがに晩年は、日によってダメなこともあり、そんなときは指や口でイカせてもらって我慢していました。

長いこと忘れていた逞しい勃起に、興奮が止まりませんでした。

「ハァン！　慎二さんも脱いで。オッパイを、ゴリゴリの筋肉でさすってほしいの」

照れる彼をねじ伏せて、むしり取るように服を脱がせました。

ムキムキの大胸筋を、とうとう生で見て興奮しました。その胸にキスをしながら、ふくらんだ股間をなでていました。

「私ばっかり気持ちよくなってるから、慎二さんの硬いところも舐めてあげる」

馬乗りになって、ぶら下がった乳房を彼の体にこすりつけながら、下半身に移動しました。

作業ズボンをおろしていくと、シミの付いたトランクスが現れました。

無口な男が、先走り汁まで洩らしていると、愛おしさが込み上げてきます。

「あらっ！　もうこんなになっていたのね！　すぐに、お口できれいにしてあげるわ」

トランクスを引きずりおろすと、むわんと熱のこもった股間から、活きのいいサオが、弾けるように飛び出してきました。

両手でくるんで、先汁の溢れる亀裂をチロチロと舐めました。慎二さんも相当興奮している様子で、「はうっ」と声を出しながら、気持ちよさそうに、腰を突き上げてきました。

舌先に絡め取った汁と唾液を混ぜて、カリ首や幹に塗りたくるように全体を舐め回しました。ときどきググっとそり返って、舌を弾き返してくるほど元気でした。

ヌルつく亀頭を手のひらで刺激しながら、ふぐりにも吸いつきました。

柔らかく力を抜いた唇で挟んで、舌で転がしていると、慎二さんが腰を振って催促してきました。

「もう、だめだ……アソコに、入れたい！」

彼がピークを迎えそうになっていたので、大急ぎでショーツを脱いで股間の上に跨《またが》りました。

私のアソコも、ネットリした汁にまみれていたので、跨って軽く腰を振っただけで、亀頭がヌルッと入ってきました。

「あっ、あっ、来た、来たわ……すごく硬いのが、めり込んできたわぁ！」

浮かせた腰を一気にずんと沈めた瞬間、熱いワレメに力強くサオが刺さってきました。寝床の中で何度も想像していたとおり、穴の奥を押し広げながら、優しくこすってくれました。

乳房をぶるんぶるんと振りながら腰を回転させていると、彼も下から反撃してきました。猛烈な勢いで腰を突き上げて、勢いよくピストンされました。

「ハッアアッ！　そこ、イイッ！　もっとぐりぐりして、いいわ、いいわ！」

慎二さんの顔が見えなくなるほど、きつく乳房を押しつけながら、昇りつめました。

「イク、イッちゃう！　出していいのよ、慎二さんの精子、穴の中にちょうだい！」

ワレメの奥が締まってくると、硬いサオはその締めつけをはね返すように、そり返ってきました。

「うむっ！　出る！　中に出しちゃいますよ、ああっ、もうダメだ！」

それから時間の許す限り、抱き合い、舐め合い、二回目の挿入を果たしました。

若いので何度も勃起しますが、彼はとても敏感で、すぐにイッってしまいました。それは、満足なんてものじゃありませんでした。体の奥に注がれた精液は、いまの私にとってなによりの栄養剤でした。

夕方近くなって、ようやく帰り支度を始めた彼がつぶやきました。

「また、来てもいいのかな?」

「もちろんよ。いつでも待っているわ。奥様にバレないように、気をつけてね」

その夜は興奮冷めやらず、寝床の中で何度もオナニーでイッてしまいました。硬いサオが、秘部を貫通してくる感触が、脚の間から消えなかったのです。

その日から、ますます慎二さんへの執着《しゅうちゃく》が強くなりました。正直に言えば、彼自身に惹かれているのか、男の武器に惹かれているのか、自分でもわからなくなっていました。

彼はすぐにまた、来てくれました。

「このオッパイが、頭から離れなくて来ちゃったよ! ああ、早く吸わせてくれ!」

お互いに待ちきれず、話をする間も惜しんで、すぐに抱き合い、むさぼり合いました。

「私も待ってたわ……もうアソコがムズムズしてる、慎二さん、入れて!」

慌ただしい挿入ですが、制限があるぶん、なおのこと燃えてしまうのです。

それからも、仕事が早く終わったときや、家族が留守のときなどを見計らって、彼は頻繁に会いにきてくれるようになりました。

ときどきは、先客とはち合わせしてしまったり、奥さんがうちにいるところに来てしまったりということもありましたが、奥さんを迎えにきたふりをして難を逃れていました。

あの日は少し前に、耕平さんが来ていたのですが、慎二さんが仕事帰りに寄ってくれることになっていたので、早めに帰ってもらっていました。

あたりが暗くなりはじめたころ、慎二さんはやってきました。

「もう今日は大丈夫よ、誰も来ないと思うわ。会いたかった……」

玄関の扉を開けてすぐに抱きつくと、慎二さんもその場で胸をもんできました。

「イヤン、こんなところで、せっかちね。感じちゃう……」

スカートをまくり上げられて、ショーツの中の濡れている部分をこすられました。

私も興奮して、ほてる体を押しつけながら、胸元のボタンをはずして、厚い胸板にキスをしていました。

もつれ合いながら、上りまちに倒れ込み、ぷっくりふくらんだ乳首を吸われました。

「はあぁん！　今日はいちだんと激しいのね。私にも、ちょうだい……」

催促するように、慎二さんの硬いサオを口に含んで舐め回していたとき、不意に玄関の扉がガラッと開きました。

そこには、驚いたような顔をした耕平さんが立っていました。あまりに夢中になりすぎていて、鍵をかけるのを忘れていたのです。

耕平さんは、飛び起きた私たちを見おろして、憮然《ぶぜん》とした表情で言いました。

「驚いた。お前らが、そんな仲だとは……おい、慎二。早く嫁んとこに帰れ！」

あわてて身なりをととのえた慎二さんが、必死で頭を下げていました。

「嫁には言わないでください！　たのみます、一度きりの過ちなんです……」

そう言って玄関を出ると、猛スピードで帰っていきました。

耕平さんは、私にくれるつもりで忘れていた肥料を手に、舞い戻ってきたのでした。

乱れたブラウスを手で押さえながら、彼を部屋に招き入れました。秘密を知られてしまった耕平さんを、そのまま帰すことはできなかったのです。

のっそりと部屋に入ってきた耕平さんが、私の全身を、舐め回すように見つめてくるのがわかりました。

「よそ者が村の秩序を乱したら、どうなるか……わかっているな？」

狭い社会では、村八分という言葉が死語でないことは、肌で感じていました。

お茶を淹れながら、しどろもどろの言いわけをしていると、突然背後からガバっと抱きつかれました。

「はあっ！　耕平さん、ごめんなさい。でも、こんなこと、だめです……」

そう言ったものの、強くあらがうことはできませんでした。機嫌を損ねて言いふらされたら、私も慎二さんも、この村で生きていけなくなってしまいます。

「俺が先に目をつけたんだぞ！　必死にこらえていたのに、あんな所帯持ちと……」

後ろから回ってきた手で強く乳房をもまれると、慎二さんに火をつけられていた体が、思わず疼いてしまいました。

「あんっ！　許してください。さびしかったんです……」

ブラウスのボタンがはずされて、剝き出しになったブラの中に、耕平さんの手が強引に入ってきました。

「慎二のことは、ガキのころからかわいがってきたからな……言うことを聞けば今回だけは見逃してやる！」

しわだらけの彼の指先は、思いのほか力強く、敏感な乳首を刺激してきました。のけぞった首筋に、カサついた唇が吸いついてきました。体をよじればよじるほど、耕平さんは強く抱きついてきました。

「このオッパイで誘惑したのか？　そんなに欲しかったら、俺に言えばいいものを」

羽交い絞めにされながら愛撫を受けるのは初めてでしたが、乱暴でガサツな男性に、ねじ伏せられていく興奮を覚えました。

どうあがいてもかなわない腕力を見せつけられて、そそられたのです。女一人の心細さを知ってから、より逞しく、野性味溢れる男を求めるようになっていました。

「自慢じゃないが、俺のはすごいぞ！　若いやつにも負けていないぞ！」

鼻息を荒くした耕平さんが腰を突き出してくると、お尻のワレメに硬いサオがめり込んでくる感触がありました。

初老だと思って見くびっていましたが、慎二さんのよりも遥かに硬く、大きなかたまりだったのです。それは、服を突き破りそうな迫力がありました。

その感触を得た瞬間、体は彼を受け入れる準備を始めていました。口封じのためというより、お願いしてでも欲しくなってしまったのです。

グイグイと押しつけられて前に倒れ、膝をついていました。四つん這いの格好になったまま、スカートとショーツを引きずりおろされました。

お尻の頬に指がめり込んできて、両側に大きく広げられていました。

「丸見えだ！　へへへ、イヤがっても、こんなに濡れているじゃないか……」

恥ずかしさにクネクネ振っていた腰を、がっちりと両手で押さえつけられました。

「でっかいケツだ、たまらんな！　どれ、ここか？　ここが疼くのか？」

耕平さんの舌が、ワレメをなぞるように這ってきました。ざらついた生温かい感触に、全身の毛穴が開きました。

「はあっ、あう！　いやぁ……すごい、とろけそうっ！」

女の豆が、ぬめりにおおわれ、くすぐったいほど勃起しました。さすがは年配者だけあって、慎二さんより女の体を知っている、巧みな舌づかいでした。

「舌が吸い込まれちまう！　思っていたより助平な女狐だな。ムフフ、俺好みだ」

満足そうにつぶやきながら、指を突き刺してきました。ネチャネチャと音がするほど、激しくかき混ぜられました。

「は、はぁん！　イ、イイッ、気持ちイイッ、大きいのが欲しくなっちゃう！」

私は我慢できずに、お尻を振って催促していました。

「とうとう正体を現したな。よし、入れてやるから、ケツをもっと突き出せ！」

言われるままに、お尻を高く持ち上げると、ぐつぐつと煮えたぎった穴に、硬いサオを押し当てられました。次の瞬間、アソコに切り裂かれるような刺激が走りましたが、亀頭が入っただけでうめいてしまったのです。その大きさに、驚きました。

「おや、なかなか全部入らねえぞ。使い込んでいるわりに、小さい穴だな」

たっぷり濡れているのに、入らないという経験はしたことがありませんでした。息を吐いて再度迎え入れる準備をすると、じりじりと亀頭が押し込まれてきました。

「ふーっ、キツイな……よし、今度は一気に行くぞ。うりゃ！」

耕平さんが角度を変えて腰を突き出してくると、穴の奥をえぐられるような、強烈な快感が走りました。力づくで打ちこまれた杭は、勢いをつけてようやく、もっとも深い部分に到達したのです。

互いの性器がドクドクと脈打って、濃密にこすれ合いました。鼻息を荒くした耕平さんは、ゆっくりと腰を動かしながら昂《たかぶ》った声をあげました。

「どうだい！　ハァ、ハァ、俺のほうがすごいだろう？　ほれ、イッてもいいぞ！」

大きさもさることながら、驚いたのはその硬さでした。六十代のモノとは思えぬ力みで、穴の奥でなお硬さを増しているように感じました。

「はあ、はああっ！　すごいわ、壊れそう、アァ、イク、イッくぅ！」

いつの間にか我を忘れ、のけぞって、恥ずかしいくらいに喘いでいました。よがればよがるほど、耕平さんは腰を振り立ててきました。

昇りつめて、痙攣している敏感な豆をいじられ、さらに激しくねじ込まれているうちに、息つくヒマもなく、立て続けにイカされていました。

「そろそろ満足してきたかい？　俺のもしゃぶってくれ。まだまだこれからだぞ！」

引き抜かれて振り向き、初めて耕平さんの男の武器と向き合い、目を見張りました。彼の股間にそそり立っていたそれは、亀頭が大きく張り出して、幹の部分が私の手首ほどもあり、ぴんと張り詰めた皮膚には、血管が浮いていました。

それだけこすっているのになえる気配もなく、ピクピク動きながら、おへそに向かってそり返っていたのです。

これが、よくも自分の体に入ったものだと驚きました。

四つん這いのまま、彼のほうに向き直り、大きく口を開けて呑み込んでいきました。自分のアソコの汁でビショビショになっていましたが、さらに唾液をまぶしてすべらせました。けれど、どうがんばっても半分くらいしか呑み込めず、顎がきしみました。

「おおっ！　尺八がうまいねえ、よっぽど好きなんだな」

口の中をいっぱいにしながら、夢中で舐めていました。頬張りながら見上げると、うれしそうに目を細めた耕平さんも、私の顔を見つめてきました。

「いい顔だね。ほれ、ご褒美に、もういっぺん入れてやるからな……」

だんだんと穏やかな、優しい口調に変わっていました。彼は、私をいじめたいわけではなく、私のことを好いているからこそ、慎二さんにやいて襲いかかってきたのだと、あらためて感じました。

あぐらをかいて座った耕平さんと向き合う格好で、抱きつきました。

慎二さんのような、見栄えのよい筋肉はないけれど、肉体労働で鍛えた体は、鋼のようにずっしりと硬く、すがりつきたくなる男くささがありました。

「はあぁん、なんだか、耕平さんに、メチャクチャにされたくなってきたわ……」

脚を開いて跨ると、硬いサオはすぐにワレメに亀頭をもぐり込ませてきました。よく見ると、普段は老けこんで見える彼の顔は、血色がよくなっていて、いつもより若々しく見えました。

この人も悪くない……そんな思いが込み上げてきて、夢中でキスをしていました。舌を絡ませながら唾液を吸い合ったあと、耕平さんは目の前にした乳房に、むしゃぶりついてきました。

夫も、そんなふうに抱き合うスタイルが好きでした。大好きな乳房をしゃぶりながら、いちばん深く挿入できるからです。その昔、夫に甘えたなつかしさも、込み上げてきました。

耕平さんの白い無精ひげが、柔らかい乳房をチクチクと刺激してくると、気持ちよさに、自ら腰を振っていました。

「どうしましょう、また、イッちゃうわ！　イクうっ！」

「いいぞ、何度でもイカせてやる！　これからさびしくなったら、俺を呼ぶんだぞ！」

耕平さんの責めは延々と続き、彼が射精したときには、もう深夜を回っていました。

耕平さんは、恐ろしいほどの絶倫だったのです。

そのあと二人でお風呂に入り、体を洗い合って、一枚の布団で寝ました。その床の中でさえ、彼は再び股間を硬くして私に跨ってきました。お互いに、さびしい体を持て余していたので、どれほどしても飽き足らなかったのです。

それ以来、耕平さんは、毎日のように、うちに来てくれています。抱き合うだけじゃなく、いっしょに食事をしたり、家庭菜園をしたりしているので、さびしさはありません。

ただ、甘えん坊の慎二さんの体も忘れられなくて、耕平さんの目を盗んで、彼ともときどき交わっています。いつの日か、再婚するかもしれませんが、それまではいろんな男性を満喫したいのです。

やっと見つけた第二の人生は、まだ始まったばかりです。

憧れつづけた出戻りの甘熟女と再会しお互いの性器を無我夢中で貪りあい……

首藤啓太　会社員・二十八歳

片田舎のとある村に、祖父、祖母、両親と五人で住んでいます。

去年のお盆にあった出来事を、ぜひとも聞いてください。

となりの家の紗栄子《さえこ》ちゃんは六つ年上で、幼いころから本当の姉弟のように仲がよく、私が大学一年のときに結婚が決まった際は驚きに言葉を失ったものでした。

さらさらの黒髪、涼しげな目元にふっくらした唇と、村いちばんの美人でスタイルもよく、思春期を迎えたころには異性を意識していたのではないかと思います。

その紗栄子ちゃんが離婚して出戻ったという話を聞いたのは、去年の春先のことでした。

結婚当初から義理の両親との折り合いが悪く、子どもができなかったことが決定的な要因となったようです。

母から元気づけてあげたらと言われ、どんな顔をして会ったらいいのか困っていたのですが、自宅を訪ねてきた紗栄子ちゃんはとても明るく、離婚のショックはまったくといっていいほど感じさせませんでした。

私のほうは仕事が忙しく、ゆっくり話をしている暇はなかったのですが、一週間の夏期休暇に入ると、さっそく彼女を祭りや川遊びに誘いました。

やはりそれなりに離婚の痛手を負っていたのか、ときどき考え込むような顔をしていて、私は「元気を出して」と精いっぱい気づかったんです。

「ありがと……啓《けい》ちゃん、大人になったんだね」

勝ち気な彼女が涙ぐむぐらいですから、よほどつらい結婚生活だったのかもしれません。そんな夏休みを過ごした五日目の夜に、予想外の出来事が待ち受けていました。

そろそろ寝ようと準備をしていたところ、部屋の窓ガラスを叩く音が聞こえ、外にカーディガンを羽織ったパジャマ姿の紗栄子ちゃんがたたずんでいたんです。

「上げてくれる？　お父ちゃんたちが宴会していて、うるさいの」

となりの家は五十メートル近く離れていましたが、耳を澄ますと確かに男性たちの笑い声が、かすかに聞こえてきました。

紗栄子ちゃんの家は本家のため、お盆になると親戚たちが大勢集まり、どんちゃん騒ぎになるのが恒例だったんです。

「大丈夫？　上がれるかな」

「あン、ちゃんと引っぱって！」

彼女を部屋に引っぱり上げる最中、胸がドキドキしました。

私の部屋を内緒で訪れるのは二十年ぶりのことで、我が家が平屋でよかったと、あのときは心の底から思いました。

「ごめんね……こんな夜遅く」

「びっくりしたよ」

「ホントはね、啓ちゃんと、もう少し話しておきたいと思ったんだ。来週からは、また仕事が忙しくなるんでしょ？」

「うん……」

寂しげにつぶやくと、紗栄子ちゃんはTシャツとハーフパンツ姿の私を見て、眉をひそめました。

「ひょっとして……寝るところだった？」

「いや、そんなことないよ」

「いいこと思いついた。いっしょに寝よ！」

「はあ？」

「子どものころは、同じ布団で寝たじゃない」

彼女は無邪気に笑い、照明の紐を引いて明かりを消すと、さっそくカーディガンを脱ぎ捨てて、布団にもぐり込みました。

あのときの私は、困惑とうれしさと淡い期待感がごちゃ混ぜになり、複雑な顔をしていたのではないかと思います。

「啓ちゃんも入りなよ」

「何考えてんの……」

「いいから、早く！」

紗栄子ちゃんは昔から一度言い出したら聞かない性格で、指示どおりにするしかありませんでした。

「もう、相変わらずなんだから……」

文句を言いつつ布団の中にもぐりこんだ私は、当然とばかりに背中を向けました。

ところが彼女は、後ろからふくよかな体をピタリとくっつけてきたんです。

柔らかい肌の感触と温もりにびっくりした一方、自分の意思とは無関係に男の分身が反応しました。

お恥ずかしい話なのですが、私はキスの経験しかない童貞だったので、なおさら昂奮してしまったのだと思います。

「ふふっ、啓ちゃんの体、あったかい……」

いったい、どういうつもりなのか。

誘いをかけているのか、ただ寂しいだけなのか。

彼女の心の内が理解できず、ただ息をひそめて身を強ばらせていると、やがて腰にあてがわれた手が前面部にゆっくり回ってきました。

「あ！」

指先が股間をチョンチョンとつついた瞬間、パンツの下のペニスがどんどん膨張しはじめました。

同時に猛烈な欲望が込み上げ、全身が燃えるように熱くなってしまったんです。

「ん、何？　どうしたの？」

思わず腰をよじったものの、彼女はくっついたまま離れようとせず、今度は背中に胸のふくらみを押しつけてきました。

「やだ！　こっちのほうも、大人になったのね……」

耳元で甘く囁《ささや》かれたとたん、理性が吹き飛び、性欲の暴風雨が股間の中心で吹き荒れました。

私はすぐさま体を反転させ、彼女の体にしがみついたんです。

最初は首筋に吸いついていたのですが、あっという間に唇を奪われ、情熱的なキスをされたときには、もはやどうにも止まらない状態でした。

「ふっ、ンっ、ふっ、ンふぅっ」

鼻から洩れる色っぽい吐息は、いまだに忘れることができません。

舌が絡みつき、唾液をジュッジュッと吸われ、大人の激しいキスに脳みそがとろけそうになりました。その間、私はヒップに手を回し、心地いい弾力感にも酔いしれていました。

痛みを覚えるほど突っ張っていたふくらみをさわられたときは、暴発するのではないかと思ったほどです。

臀部の筋肉を引き締め、射精願望を必死に堪《こら》えた直後、紗栄子ちゃんはパンツのウエストからほっそりした指を差し入れてきました。

「ほおおぉっ！」

柔らかい手のひらが裏茎をなでさすったとき、背筋を凄まじい電流が駆け抜け、私はあおむけに寝転んで大きな声をあげました。

あのときは次々と襲いかかる快楽の高波にあらがえず、奥歯をギリリと噛みしめ、シーツに爪を立てることしかできなかったんです。

「啓ちゃん、かわいい……」

「あ、あ、あ……」

脳の芯がビリビリと震え、まともな言葉が口をついて出てきませんでした。

熱に浮かれて目の前の光景がボーッと霞《かす》むなか、紗栄子ちゃんは身を起こし、私のTシャツをまくり上げました。

乳首に舌を這わせる間も、手のひらはペニスを優しくなでてくるのだからたまりません。

青筋がビクビクと脈打ち、少しでも油断をすれば、すぐにでもザーメンを放出する間際まで追いこまれました。

「う、くっ……」

片手でTシャツを頭から剝ぎ取られたあと、ハーフパンツの腰紐がはずされました。

「お尻を上げて」

恥ずかしいという気持ちよりも昂奮のほうが強く、言われるがまま臀部を浮かすと、パンツがトランクスごと引きおろされました。

ペニスが反動をつけて下腹を叩きつけ、先走りの汁が溢れ出ました。

スモモのような亀頭、エラの張ったカリ首、いまにもはち切れそうな青筋と、おどろおどろしい昂《たかぶ》りには自分でもびっくりしたほどです。

「まあ……すごいわ」

紗栄子ちゃんも目を見開いていましたが、視界には入らず、私はひたすら熱い吐息をこぼすばかりでした。

「啓ちゃん、立派よ……」

彼女はパンツと下着を足首から抜き取り、指先でペニスをつまんで前後に振り立てました。

「あむむっ！」

たったそれだけの行為で全身の血が沸騰し、体の奥底から性のパワーがほとばしるような感覚でした。

よくよく考えてみれば、紗栄子ちゃんは数カ月前まで人妻であり、セックスに関しては百戦錬磨《れんま》の達人でもあったのです。

このあとは、いったいどうするつもりなのか。期待に満ちた目で待ち受けていると、彼女は私の真横にひざまずき、ふっくらした唇をすぼめ、唾液をツツッと滴《したた》らせました。

「あおおっ！」

亀頭をゆるゆると包みこんでいく透明な粘液に昂奮し、思わず腰をバウンドさせたところ、紗栄子ちゃんは苦笑して言いました。

「もう……いちいち変な声、出さないで」

「はあ、はあっ、ごめん……」

もしかすると、彼女は私が童貞だったことに勘づいていたかもしれません。

少なくとも、女性経験に乏《とぼ》しいという事実には気づいていたと思います。

胴体にキスをされ、舌が裏筋から縫い目をなぞり上げると、またもや快楽の波が立てつづけに打ち寄せました。

そしてついに、ペニスをぱっくりと咥えこまれたんです。

口の中の熱い粘膜ととろとろの感触が、ペニスの表面にべったり張りつきました。

生まれて初めてのフェラチオは人生観が変わるほどの快楽を与え、セックスならどうなってしまうのかと、本気で思ったものです。

驚いたことに、紗栄子ちゃんはペニスを喉深くまで呑み込み、顔を猛烈な勢いで打ち振りました。

「あ、ぐっ、ぐっ」

シャグッ、シャグッと、リズミカルな音が聴覚を刺激し、濡れた唇がカリ首を往復するたびに、性感が天井知らずに上昇しました。

おそらく、私は鬼のような形相で射精を堪えていたと思います。

腰をくねらせ、下腹に力を込めたものの、ちっぽけな自制心はもろくも砕け散り、煮え滾《たぎ》る精液が睾丸の中で荒れ狂いました。

「あ、だめ、だめっ!」

懸命に我慢したのですが、とても耐えられずに我慢の限界を訴えると、彼女はペニスを吐き出し、手でしごき立てました。

くっちゅ、くっちゅ、にちゅ、にちゅと、唾液まみれのペニスがこれまた卑猥な水音を響かせ、頭の中が真っ白になりました。

「あっ、イクっ、イクっ!」

「きゃっ、出た!」

私は顎を突き上げてのけぞったので、射精の瞬間は目にしていません。

ただ、熱いしぶきを胸に受けたことと、紗栄子ちゃんがうれしそうな悲鳴をあげたことだけは覚えています。

「すっごい……まだ出るわ」

「ぐっ、ぐっ……」

　何度も放出を繰り返し、バラ色の射精感に酔いしれるころ、私はようやく脱力し、大きな息を吐き出しました。

「はあ、ふうっ、はあ」

「ふふっ、溜まってたのね……」

　大の字の体勢で恍惚《こうこつ》とするなか、彼女はティッシュでザーメンをふき取ってくれました。

「あぁン、すごい量、ティッシュが何枚あっても足りないわ。でも……やっぱり若いのね」

　これほど大量射精したのに、下腹部のモヤモヤは消え失せず、ペニスは少しも萎《な》えていませんでした。

「紗栄子ちゃんのも……見せて」

　至極当然の懇願をすると、美しい成熟の女性は頬を桜色に染めました。

「胸だけでいいの？」

「えっ……あそこも、見たいよ」

「でも、恥ずかしいわ……」

「ずるいよ。俺のはさんざん見たくせに」

唇をとがらせると、紗栄子ちゃんはパジャマのボタンをはずしはじめ、私は身を起こして目をぎらつかせました。

ぶるんと弾け出た乳房のまろやかさを目《ま》の当たりにし、またもや鼻息が荒くなりました。

乳頭はすでにしこり勃《た》ち、ピンと突き出ていましたから、彼女もかなり昂奮していたのでしょう。

「さわってもいい？」

「うん……」

私は了承を得てから手を伸ばし、豊満な乳房をゆったりもみしだきました。そして身を屈め、ピンク色の乳首を口に含んで舐め転がしたんです。

「あ、あぁン」

甘ったるい声が頭上から放たれ、肉厚の腰がくねりはじめました。

ソープの香りが立ちのぼり、女性はどうしてこんなにいい匂いがするのだろうと、妙なところで感心するばかりでした。

それほどの力を込めなくても、柔らかい乳房は楕円に形を変えて手のひらからはみ出し、柔らかい弾力感に感動したところで、今度はまだ見ぬ花園を目にしたいという欲求が募《つの》りました。

「下のほうも……見たいよ」

ストレートに懇願した直後、紗栄子ちゃんは目をとろんとさせ、舌で唇を悩ましげになぞり上げました。

「そんなに見たい？」

「うん……」

「いいわ……見せてあげる」

彼女はあおむけに寝転がり、パジャマズボンをショーツごと剝きおろしました。

薄く翳《かげ》った陰毛にドキリとした直後、こんもりした恥丘のふくらみが目を射抜き、ペニスが再び下腹に張りつきました。

「足を広げて」

上擦った声で告げると、紗栄子ちゃんはゆっくり足を開き、私はすぐさま両足の間に体を移動させました。

「ああっ！」

照明は消えていたので、窓から射し込む月明かりでじっくり観察すると、外側にめくれた肉厚の陰唇、包皮から半分ほど飛び出たクリトリス、紅色の内粘膜と女肉の発達具合は、熟れごろのアケビを連想させました。

割れ目の狭間はジュクジュクとした蜜で溢れ返り、妖しい輝きに胸が締めつけられるほど苦しくなりました。

「そんなにじっと見られたら、恥ずかしいわ……あっ」

昂る気持ちを抑えられず、私は無意識のうちに恥部にかぶりついてしまったんです。

とろとろの媚肉を口の中に引き込み、無我夢中で舐め回していると、頭の上から湿っぽい吐息が聞こえました。

「はっ、はっ、ン、いい、気持ちいいわぁ……」

甘酸っぱい匂いと、なまなましいフェロモンをくんくんかぎながら舌をくねらせていると、内腿の柔肉と鼠蹊部の薄い皮膚がピクピクと痙攣しはじめました。

「ンふぅ……啓ちゃん、我慢できないわ。来て……」

私は待ってましたとばかりに身を起こし、ぎんぎんに硬くなったペニスを握りしめました。

そして股の間に腰を割り入れ、亀頭の先端を濡れた陰唇の狭間にあてがったんです。

「はあはあっ……い、入れるよ」

「そこは違うわ……ここよ……ン、あぁ」

紗栄子ちゃんはペニスを膣の入り口に導き、狂おしげな表情で喘ぎました。

結合したときの快楽と感動は、いまだに覚えています。

とろとろの蜜壺は火を吹くほど熱く、愛液でぬかるんだ粘膜が亀頭をしっぽり包み込みました。

「おっ、おっ」

「そのまま来て……あぁン！」

言われるがまま腰を突き出すと、ぬめぬめした感触がペニス全体に広がり、この世のものとは思えない快楽に身がひきつりました。

「ぐ、くっ」

あのときは童貞喪失の感激を味わうことなく、射精を堪えることで精いっぱい。顔を真っ赤にしていきみ、腰を動かすことすらできませんでした。

「はあ、気持ちいい。啓ちゃんのおチ○チン、大きくて硬くて、すごく立派よ」

「ふう、ふぅ……ホ、ホント？」

「うん……」

紗栄子ちゃんははかなげな笑みを浮かべて答えると、腰をかすかにくねらせ、とろとろの膣肉がペニスを引き絞りました。

彼女との一体感にいつまでもひたっていたかったのですが、そういうわけにもいきません。

軽いスライドから腰を繰り出したものの、快感はひと足飛びに頂点に達し、額から汗がぽたぽた滴り落ちました。

おそらく、セックス自体は五分もしていなかったのではないかと思います。

あまりの快楽に射精をコントロールできず、ペニスが早くも脈動を開始しました。

「ああ、も、もう……我慢できないかも」

「いいわ、出して！　たくさん出して！」

放出の許可を受けたとたん、私は歯を剝き出し、彼女の片足を抱え上げて荒波のようなピストンを繰り返しました。

「ああ、イクっ、イクっ、イッちゃうよ！」

「はあぁっ、私もイッちゃいそう！」

腰の動きをトップスピードに跳ね上げると、うねりくねった媚肉がペニスをこれでもかと締めつけました。

「ああ、イクっ、イックぅぅ！」

こうして私は紗栄子ちゃんの中に、残るありったけのザーメンをぶちまけ、童貞を卒業したんです。

翌週から仕事が始まり、なかなか顔を合わせる機会はなかったのですが、九月に入ってから、とんでもない話を母から聞かされました。

紗栄子ちゃんが見合いをし、再婚が決まったというんです。

すぐに確かめにいくと、彼女は目を伏せ、「ごめんね……黙ってて」と、小さな声で答えました。

童貞を捧げたとき、すでに見合いを済ませていたらしいのです。

私は失意のまま帰宅し、紗栄子ちゃんは十一月に結婚して村を離れました。

彼女からしてみれば、感謝の気持ちのつもりだったのでしょうか。

いまでは吹っ切れて、今度こそ幸せになってほしいと心の底から願っているんです。

第三章

男たちを惹き寄せるワケあり女の淫穴

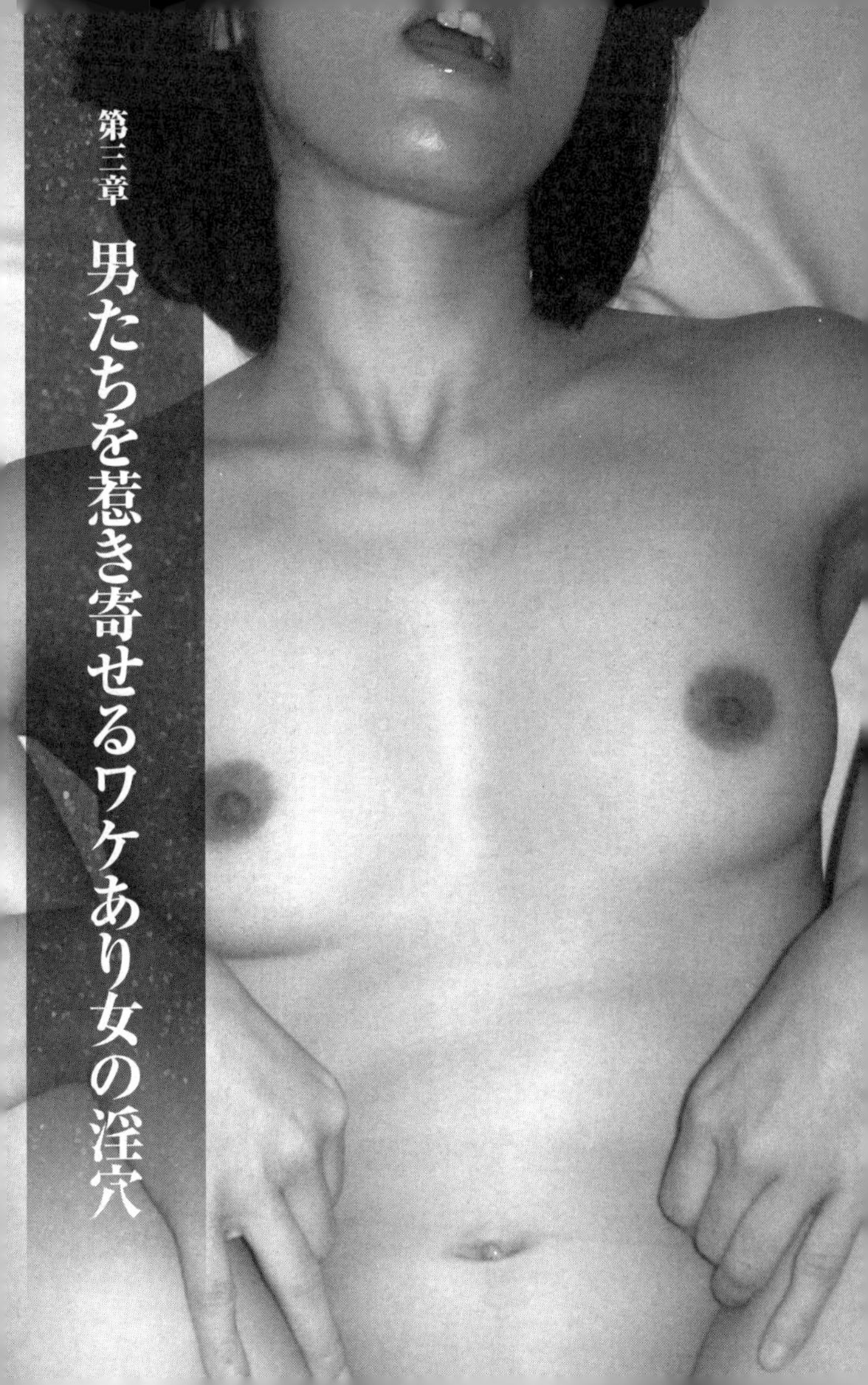

息子の家庭教師を誘うシングルマザー若い極硬棒を濡れたマ○コに呑み込み！

柴田さおり　パート・四十歳

夫と離婚して三年がたちました。いまは中学生の息子と二人で、小さなマンションに住んでいます。離婚した夫からの養育費や親からの援助があり、それに私もパートで働いているので、いまのところ生活には困りません。三年たつと、息子との生活もすっかり落ち着いてきました。

ただ、悩みがないわけではありません。それは息子の学力です。

離婚したときは小学生だった息子も、来年は受験生になります。周りの友だちはほとんどみんな学習塾に通っていて、受験勉強に備えています。

ところが息子はどうしても塾に行こうとしないのです。「自分でやるからいい」の一点張りです。小さいながらも自分の部屋があるのですが、確かに一日中部屋にこもって勉強をやっている日もあります。でも、毎日勉強だけとは限りません。

ときどき覗いてみると、漫画を読んだりゲームをしたりして、まったく勉強しない日もあれば、スマホで友だちといつまでもSNSをすることもあるようです。特に今年はコロナのことがあったので、友だちと遊びにいくことが少なくなりました。

「お願いだから、塾に行って」

「絶対にイヤだ。こんな時期に塾なんか行けば、感染の危険が増えるだけだよ」

この会話を、何十回繰り返したことか。

それでも来年にはまちがいなく受験生になるのだから、いまのうちになんとかしなければ手遅れになるかもしれない。そう思った私は、家庭教師をつけることにしました。といっても家庭教師を依頼するなど私には初めての経験です。こんなとき夫がいれば、きっといろいろやってくれるのだろうけど、私一人ではどうすればいいかわかりません。とりあえず、近くの某有名大学の学生課に連絡をしてみました。

すると、いまはコロナの影響でバイトをなくした学生が大勢いるので、いくらでも見つけられますという返事でした。いろんなところにコロナの影響が出ているのだなあと思いながら待っていると、すぐにある男子学生を紹介されました。

それが、二宮《にのみや》君です。

いかにもまじめで素朴な感じの好青年で、特にイケメンという感じではないのですが、全然遊んでる感じもなく、まじめな女子大生にモテそうな雰囲気です。もちろん成績は優秀で、前にも家庭教師をしたことがあって、有名私立高校に合格させた実績があると、学生課の人に聞きました。

家庭教師なんて絶対にいやだと言っていた息子も、二宮先生と会ってみると、この人ならいいよと納得してくれました。そして、週二回うちに来ることになったのです。勉強時間は六時から九時までで、そのあと先生にはコーヒーを出すようにしました。もちろん、勉強の様子や息子のことを聞くためです。先生は毎回の勉強の進み具合や息子の性格などについても、母親の私が知らないようなことを教えてくれます。家庭教師というよりも、息子に頼りがいのある兄ができたような感じで、私としてもとても安心していました。こんなことなら、もっと早く依頼すればよかったと思ったほどです。

息子のほうも、二宮先生が気に入ったようです。コロナのせいで学校の勉強が遅れたり、いろんな行事が中止になって不満を言いつづけていたのですが、先生が来るようになってからは勉強も楽しくなったようで、母親の私が見ても、笑顔が多くなり明るくなってきた気がします。二宮先生は、私たちの生活にとって一つの希望でした。

でも、そんな気持ちで先生と接しているうちに、私の気持ちが少しずつ変わってきました。いつの間にか先生のことを、一人の男性として見るようになったのです。

考えてみれば、離婚して以来、男性と二人きりでコーヒーを飲みながら話をするなんて初めてです。今年で四十歳になりましたが、正直な気持ち、まだまだ恋愛したいし、再婚だって考えています。見た目も含めて、一人の女として私はまだ十分にいけると思っています。

パート先はほとんどが女性ばかりの職場なので、そういう機会はありませんが、あわよくばいい出会いがどこかにないだろうかと考えることもあります。長い髪のお手入れも欠かさないし、メイクも手抜きしません。体型にも気をつかっているので、バストの形もいいし、ウェストも引き締まっているつもりです。若いころに「ネコ科」と言われた美貌は、それほど衰えていないつもりです。

息子の家庭教師の二宮君のことは、もちろん最初のうち、男として見るなんて夢にも思いませんでした。でもコーヒーを飲みながら息子のことを話しているうちに、この人と恋愛したらどうだろうなんて考えている自分に気がつきました。

ずうずうしいと思われても仕方がありません。なんといっても、彼はまだ二十歳を過ぎたばかりです。年齢は私のほぼ半分です。それでも、やはり男と女であることには変わりありません。何度も二人きりの時間を過ごすうちに、なんだかときめきを感じるようになってきたのです。

コーヒーカップを持ち上げる指とか、笑ったときの口元とか、前髪を書き上げるしぐさとか、そういうものを目にするうちに、この人もまちがいなく男なんだなと、思うようになっていました。

それだけではありません。とても恥ずかしいことですが、彼のことを思いながら、オナニーするようになったのです。

離婚して以来、私は自分の指で慰《なぐさ》めるようになっていました。週に何回かオナニーするのが習慣になっていたのです。自分が性欲旺盛な年齢だというのはわかっていました。どうしようもなく、ほてってしまう夜があるのです。

そして、いつの間にか私は二宮君を、いわゆる〝オカズ〟にするようになっていました。彼の唇や指を思い浮かべて、キスしたりさわられたりしている場面を想像してみたりしているうちに、妄想はどんどん広がっていって、頭の中で彼を裸にしたり、彼の男性自身を咥えてみたり、彼にアソコを舐められたり、そんなことを考えるようになってきたのです。

はしたない母親です。こうやって書いているだけでも赤面してしまいます。でも、母親であると同時に、私は女でもあるのです。女としての性の本能に、久しぶりに火がついてしまったみたいなのです。

一度そんなふうに思いはじめると、二宮君のことを、そういう目でしか見られなくなりました。勉強が終わって、そのまま息子はお風呂に入って床につきます。その間、私は二宮君とダイニングのテーブルをはさんで腰をおろし、二人でコーヒーを飲みます。最初のうちはもちろん母親の顔をして、その日の息子の様子や勉強の進み具合を質問します。でもそんな会話は十分もすれば終わります。それから私は、少し変身するのです。

大人の女の表情で二宮君を見つめたり、ときには二宮君の指にふれそうになったりしながら、誘惑モードに入ります。結婚する前のことを思い出します。私にもこんなふうに、狙った男性を落とそうとしていたころがあったのです。

そんなことを重ねるうちに、いつの間にか私たちは、きわどい会話をするようになっていました。そしてある晩のことです。息子の異性問題を心配するふりをして、彼自身のことを尋ねました。

「二宮君、彼女はいるんでしょう？」

「いや、いませんよ、特にいまは大学にほとんど行けないし……」

「そうなんだ……うちの子も中学生だし女の子に興味ある年ごろだと思うんだけど、

全然まだ奥手みたいで……」

「彼はまだ、男の子と遊ぶのが楽しいんじゃないかな……」

「そう？　でもね、男の子だからやっぱり、覚えちゃったみたいなの……」

「え？　何を？」

「やだ、わかるでしょう？　この前ね、あの子の部屋のゴミ箱に、ティッシュが入ってたの。それも、たくさん」

そうなんです、息子がもうオナニーを覚えたみたいなんです。そのことを二宮君に話すと、彼はどぎまぎして顔を赤くしていました。

「二宮君もやっぱり、あの子の年のころには、してたの？」

「え？　あ、は、はい、そ、そうですね、してた、かな……」

「そうなんだ。二宮君みたいにまじめな人でも、やっぱりするのね……」

「まあ、そうですね、みんなしますからね」

「もしかして、いまもしてるの？　彼女いないなら、したくなるよね？」

そんな会話をすると、二宮君ますます顔を赤くします。そんな様子を見ているのが、たまらなく楽しくて快感なのです。

「週に何回くらいするの？」

「何か見ながらするの？」

「いつも指でするの？　それとも、何か道具を使うの？」

自分でもはしたないと思いながら、二宮君にハレンチな質問をします。しかも、顔を近づけて、ささやくように尋ねるのです。そうだ、私も昔はこんなふうにして、気になる男性とエッチな関係に持ち込もうとする女だったなあ。そんなことを思うと、ついアソコがジュンと熱くなります。

まじめな二宮君は、そんな質問にいちいちきちんと答えてくれます。それがまた、私の心を疼かせてくれます。

そして先日のこと、とうとう私たちは、一線を超えてしまったのです。

「こうやって、私とおしゃべりしてても、何も感じない？」

自分から何もしてこない二宮君がじれったくて、ついにこの前、こんなことを言ってみたのです。すると二宮君は、うつむいて言いにくそうに白状しました。

「そ、そんなことありません。ドキドキしてます」

「ほんと？　うれしいな……」

私は椅子を動かして彼の隣に座りました。そうしようと決めていたのです。もう我慢の限界でした。

「もしかして、硬くなってる？　二宮君のアレ……」

するとと黙ってうなずくので、ついズボンの前をさわってしまいました。

「あら、ほんと、すごく硬くなってる……」

それは、ズボン越しにもはっきりわかるくらい勃起していました。ああ、この中に男子大学生のいきり立ったペニスがあるのだと思うと、すっかり舞い上がってしまった私は、そのまましごき上げるようにして指を動かしました。

するとと二宮君は、かわいらしいうめき声をあげて、のけぞっています。この子、私の指で感じてる、うれしい。そう思いました。

「ね、じっとしててね」

私はファスナーをゆっくりおろし、パンツの中からそれを引っ張り出しました。

「い、いや、ま、まずいですよ！」

「いいの、あの子はもう寝てるわ。だいじょうぶだから、じっとしてて……」

二宮君の男性自身は、想像以上に太くて大きくて立派でした。それに、ずっと別れた夫のしか見ていなかったせいか、きれいな色に見えました。

「すごいわあ、若い体してるのね……こんなにビンビン」

豹変した私にびっくりしている二宮君を見てると、ますます楽しくなってきました。

ゆっくりと手を上下させて、若い男性器を刺激しました。

「どう？　自分でこするより、気持ちいいでしょ？」

二宮君は、ガクガクうなずきながら歯を食いしばっていました。そのときの顔を、よく覚えています。すごくゾクゾクしました。それまで溜まっていた性欲が、体の奥から一気に溢れてくる感じでした。

「ほら、先っぽから何か出てきたよ……」

私はその液を指先で亀頭にぬり広げました。テカテカに光ってるその部分を指先でクリクリしたり、エラの周りを刺激したり、そのまま竿をこすったりしました。しばらくそういうことをしていなかったのに、指先は覚えているものですね。二宮君は声が洩れそうになるのを我慢しながら、ますます先走り汁を垂らしていました。

「あらあら、こんなにオツユ出しちゃって、いけない子ね……」

エッチな漫画みたいなセリフを口にしながら、私は二宮君の下半身に顔を埋《うず》めました。オスの匂いが、モワッと鼻をついてきました。そんな匂いをかぐと、もうたまりません。止まらなくなってしまいます。

「味見させてね……」

そう言って、舌を伸ばして先端の穴から亀頭全体を舐め回しました。ビクンと体を震わせて二宮君は、とうとう声を洩らしました。

「敏感ね、大学生のおち○ちん。いっぱい感じていいのよ……」

「ああ、でも、まずいですよ！」

「いいの、これは日ごろのお礼だと思って。ボーナスみたいなもの。それに私、離婚してるんだから、こんなことしても平気なのよ……」

先端を咥えて、ストローみたいにチュウチュウ吸ったり舌先で穴を味わったりしながら、根元からしごき上げました。私はこうやって、男性自身をしゃぶったりしごいたりするのが好きだったんだなあと思い出しました。

そのうち二宮君が、すごく昂《たかぶ》ってきたのがわかりました。おち○ちんがすごく硬くなって、しごくたびに先走り汁がグチュグチュ音を立ててます。そのまま発射させようかとも思ったのですが、私の体もすごく欲しがっていました。ヤリたい盛《さか》りの四十女の肉体が、男子大学生のペニスを握ってしごいてるのです。自分も感じたいと思うのは、もっともだと思います。

「ねえ、お願い、私のことも気持ちよくして……」

耳元でささやくと、二宮君はコクリとうなずきました。

私はコーヒーカップをシンクに移して下着を脱ぐと、テーブルの上に乗ってM字開脚しました。すごく恥ずかしかったけど、二宮君相手だと自分のほうが彼を支配し、リードしてるような気分だったのです。

「ねえ、私のここ、よく見える？」

指で広げて見せました。クリトリスの皮をむいてクリを剝き出しにして、愛液をたっぷりぬりつけて転がしました。

「ねえ、わかるでしょ？　ここが気持ちいいの。本当のこと言うと、いつもここ自分でいじってるの……」

「そ、そうなんですか……オナニーしてるんですか？」

「だって、男いないんだもん……でも、もうダメ。オナニーじゃ耐えられないから、二宮君、舐めて、ね、いいでしょ？」

「いいんですか？　舐めても……」

「いいの、私のおま○こ、いまは誰のものでもないんだから。それとも、こんなおばさんのじゃイヤ？」

「そんなことありません、おばさんだなんて思ってません……」

二宮君が、そこに顔を埋めてきました。熱い舌がクリトリスにふれてうごめいた瞬間、私はすごく大きな声を洩らしてしまいました。彼の舌はクリトリスをこねくり回し、アソコの入り口を舐め回し、穴の中のほうまで入りこんできました。若い男の子の舌が私の性器を味わっている、そう思うだけで、もう頭がボンヤリするほど感じていました。今度は私のほうが、必死で声を我慢する番です。自分の指を嚙みながら、彼の熱い舌がアソコに出入りする感触を味わっていました。

「どう？　おいしい？　私のアソコ、どんな味する？」

「おいしいです、すごくおいしい！　いやらしい匂いもするし……」

「やだ、恥ずかしい、まだお風呂入ってないから、卑猥なメスの匂いするでしょ？」

「はい、すごくエッチな匂いします……」

「ああ、もっとかいで！　味わって、私のおま○こ！」

卑猥な言葉を言えば言うほど、自分で舞い上がってしまいます。思わず彼の顔にグイグイとおま○こを押しつけました。どんどん愛液が溢れてくるのがわかりました。離婚して三年間、そんな行為から完全に遠ざかっていた私の体が大喜びしていました。別の部屋で寝ている息子がいなければ、大きな声で「もっと舐めて、味わって、愛液を吸って」と叫んでいたと思います。

「あのね、二宮君、クリを舐めながらおま○こに指を入れて、かき回してほしいの。そうされると、すごく気持ちいいんの、お願い……」

そう言うと彼は、言われたとおりに舌を指を使ってきました。さすが優秀な大学生だけあって、呑み込みも早いみたいです。すぐに私のツボをつかんでくれて、すごくいいところを刺激してくれます。頭の中が真っ白になってしまいました。

ふと気がつくと、二宮君のズボンから飛び出した男性自身が、ビュンビュン揺れていました。いや、揺れると言うと大げさですが、私の目にはドクドク脈打ってるように見えたのです。きちんとした身なりの彼が、ズボンの前からおち○ちんだけ丸出しにしている姿が、なんだか変質者みたいでドキドキしました。

「二宮君、さっきより大きくなってる」

「だって、こんなに舐めてたら、興奮しちゃいます」

「若いのね、エロくてたまんない……」

二宮君は、テーブルの上でM字開脚している私の前に立ちました。ちょうど彼の勃起したものと、私のおま○こがくっつく位置でした。

「あなたのおち○ちんでオナニーするから、見ててね……」

私はおち○ちんを握りしめると、その先端でクリトリスをこすりました。指ではなくて亀頭でクリをこすっていると思うだけで、全身がとろけそうなくらいいやらしい気分になってしまいました。

「気持ちいいよ、二宮君……あなたのおち○ちんでクリいじりしてるんだよ。あなたのおち○ちんに私のジュースつけちゃう。ほら、ぬるぬるにしちゃうよ」

「すごいです、エロすぎます、なんかもう、出ちゃいそうです」

「え？　出そうなの？　このままどぴゅってしちゃう？」

「はい、このまま出していいですか？」

「やだ、私のおま○こに精液飛ばしたいの？　白い精液で汚したい？　そんな変態なことしたいの？」

「だって、そんなにいじられたら……我慢できないです！」

私は彼を支配しているような気分で舞い上がってしまいました。おち○ちんをいじられて切ない顔をしている二宮君を見ながら、私は尋ねました。

「だったら、入れる？　私のここに、エロいおち○ちんをブチ込みたい？」

「はい、入れたいです、いいですか？」

「だったら、私のお願いを聞いてくれる？　これからもときどき、このいやらしいおち○ちんで、私のこと気持ちよくしてくれる？」

「え？　いいんですか？　逆にぼくのほうから、お願いしたいぐらいです」

「いいよ……じゃあ、これからもこの立派なモノ、使わせてもらうね」

「じゃあ、いいよ、入れて。久しぶりだから、ゆっくりね……」

「は、はい、いつでも！」

そして、彼の先っぽがあてがわれました。

すごく久しぶりに、アソコの入り口に押しつけられた男性のアレの感触に、体が震えるようでした。じわじわと押し込まれてくるその感触を味わいながら、また新しい愛液が溢れてきました。

「すごいね、入ってくる……」

私はその部分をじっと見ていました。いやらしく口をあけたおま◯こが、大学生のペニスをゆっくり呑み込んでいきます。なんてエロいんだろうと思いました。

こんな大きなものが入るのかなと思ったけど、とうとう全部おさまってしまいました。アソコの中がぴっちりと埋められてる感じで、すごいんです。もう息もできないくらいの感じで、なぜか初体験を思い出しました。でも三年ぶりのセックスって、初体験みたいなものなのかもしれません。

「全部入ったね、どんな感じ？　年上女のおま◯こ」

「すごいです、ギュッて締めつけてくる感じで、キツいです……」

「ほんと？　じゃあ、こうしたら？」

下半身に力を入れると、二宮君は「うう」とうめいて、いまにも発射しそうです。

「やばいです、そんなことされたら出ちゃいますよ！」

「まだダメ！　ゆっくり動いてみて」

二宮君がおずおずと下半身を動かしはじめると、ズブズブとアソコの内側がこすられて、うっとりするような感覚が広がります。音なんかしてないのに、出し入れする音が聞こえてくるみたいなのです。

「ああ、いいよ、二宮君、すごく気持ちいい、あなたのおち◯ちん最高！」

「ほんとですか？　ぼくもすごく気持ちいいです」

「ねえ、奥まで突いてみて。すごくいいところに当たるの」

「このへんですか？」

「そう、そこ、あああ、そこがいいの！」

お互いに勝手なことを言い合いながら、快感をむさぼってる感じでした。おち◯ちんが出入りするたびにアソコから熱い液が溢れて、白い泡みたいになって滴《したた》り落ちます。

セックスって、こんなに濡れるんだったかな？　そう思いながら、二人がつながった部分を見てました。

二宮君も、夢中になって腰を動かしていました。彼もつながってるところを見ているのですが、その目線がすごくエロくて、いつもの彼とは別人みたいです。私は、とても幸せな気分でした。

ひとしきり向き合って感じまくると、今度は後ろからしてほしくなりました。

「ねえ、今度はバックから入れて……」

私はシンクにつかまって、お尻を突き出しました。いま思えば、家庭教師の大学生に向かって無防備なお尻を丸出しにするなんて、すごくハレンチです。でもそのときは夢中になっていて、とにかくバックから犯してもらいたかったのです。

二宮君の硬いのが入ってきました。私は両手でシンクをつかみました。

「ああ、すごい、大きい！　私、この格好がすごく感じるの……バックからって、動物みたいで興奮する！」

「エロいですね。じゃあ、もっと突いてあげますよ！」

二宮君は両手でお尻をつかんで、激しく突き上げてきました。パンパンという卑猥な音が響きました。うんとお尻を突き出して、奥のほうに届くようにしました。

「気持ちいい、これ最高！　たまんない！」

「いやらしいお尻してますね、すごいです……つながってるところも、お尻の穴も全部丸見えですよ。白い液がどんどん溢れてくる！」

「いやあ！　言わないでよ、恥ずかしい……」

そう言われれば言われるほど、感情が昂ってしまいました。我慢しなければ、すごく大きな声で喘いでいたと思います。

「私のおま○こ、どう？　気持ちいい？」

「すごいです、女の人の体がこんなに気持ちいいなんて、知らなかったです。もう病みつきになりそうです」

「ほんと？　うれしい、ああっ、もっとしてえっ！」

深く、浅く、深く、浅く、リズミカルに突いてきた二宮君の動きが、だんだん速くなってきました。息づかいも荒くなってきて、声もうわずっています。もう限界が近づいてるのがわかりました。それを聞いてると、私のほうも昂ってきました。

「イキそうなの？　ねえ、イクの？」

「はい、もうダメです、出そう……」

「いいよ……中には出さないでね。それ以外なら、好きなところに出していいよ」

「ほんとですか？　じゃあ、か、顔に……」

「ほんと？　やだ、変態だね……」

私は、すごく興奮していました。大学生の新鮮な精液を顔に浴びるなんて、すごくいやらしい。

「ああ、もうダメです！」という彼の声を聞いて、私はしゃがんで顔を突き出しました。とたんに、顔じゅうに熱いものが飛んできて私を汚しました。すごい生ぐさい匂いが鼻についてきました。先端がべっとり濡れているおち○ちんを口に入れて、きれいにお掃除しました。もちろん、中に残ってるのも全部吸い出しました。

久しぶりに味わう男の味に、頭がしびれるようでした。

終わったあとは、お互いに照れ笑いしてしまいました。

それ以来、息子の勉強が終わったあとは、二人の熱い時間になっています。離婚して男と縁のなかった私の生活は、おかげですっかりうるおっています。

息子のことで悩んでいたけど、息子は勉強するようになったし、私のほうも若い大学生の体で性欲を満たされて、一挙に二つのことが解決しました。

そして、これをきっかけにして、私の肉体が再び花開こうとしています。きっといろんな快楽を求めて、新しい人生が始まるのではないかと予感しています。

夫と死別し落ち込む美人上司を元気づけ成熟した三十路ボディを心ゆくまで堪能

江川洋一　会社員・三十歳

私が勤める会社の女性上司、宇都宮《うつのみや》部長のことをお話します。

先日、部長のご主人が三年間の闘病生活の末、亡くなりました。忌引《きび》きが明け、出社してきた部長は、気の毒なぐらいやつれていました。

配偶者の死別はもっと休みが取れるのに、責任感から無理をして出社してきたようでした。

「部長、ご無理なさらないでください。僕たちでちゃんと仕事回しますから」

「ありがとう。でもいいのよ。家にいると気が滅入っちゃうから」

そう言って部長は、なんとか笑おうとしていました。動揺が小さくないのは端で見ていても痛々しいぐらいでした。

部長は車で通勤していましたが、先日の出社時、危なく接触事故を起こしそうになったと聞きました。きっとぼうっとしていたのでしょう。

別の課の部長に相談したところ、家の方角がいっしょの私が、当分の間送り迎えしてくれないかと打診されました。宇都宮部長は厳しい方ですが、私は、美しくて仕事のできる部長にあこがれていたので、一も二もなく引き受けました。

「ごめんなさいね、江川《えがわ》君。迷惑をかけて……」

「気にしないでください。早く元気になって部長のカミナリを落とされたいですよ」

部長は助手席で力なく笑いました。

ある日の帰宅時、私は仕事でもたついてしまいました。部長を呼んで車に向かうとき、午後八時を回っていました。

「すみません、江川タクシー、二時間遅れで出発します！」

ご主人が亡くなられたあと減っていた部長の笑みが、最近では車の中でよく見られるようになりました。

「うふ、江川君、つまんない愚痴を垂れるけど、聞き流してくれる？」

「はい」

車は密室です。毎日二度、同じ時間に二人だけになると、求めていなくても、仕事を越えた絆や信頼関係が生まれてきます。

「主人が亡くなったのはさびしいし悲しいけれど、主人には不満もあったの。もう永久に解消されなくなったけどね……」

美しい横顔の部長は、とつとつとそんなことを話しはじめました。

部長の送迎をするようになって以来、私は運転しながら、チラチラと部長に視線を向けていました。話の合いの手を打つタイミングを狙ってですが、じつは部長の太ももに目を向けていたのです。

私より五つ上で三十五歳ですが、スタイルがよく、それを自覚してか、いつも短いスーツスカートでした。シートに腰かけるとミニスカートがいくぶんずり上がるため、私はスカートのすそと太ももの境界に目を走らせていたのです。

「子どもよ。主人の両親は、主人のいないときを狙って、早く孫を見せろと私に迫るの。でも肝心の主人にその気がなかったのよ。まったく、自分の息子に直接言えばいいのにね……」

つまんない愚痴どころではありません。えらく重い話でした。

「部長、そんなディープな話を僕なんかが聞いて……」

「でね、主人とは子どもどころか、三年間の闘病生活で夜の生活もままならなかったのよ。そこがわかってるのに私にだけ孫をせがむの。マリア様じゃないのにね」

夜のプライベートにまで話が及んでしまい、さすがに言葉に詰まりました。

「それだけじゃないわ。うちの人、もともと性的なことに淡白だった」

「部長、それ以上はちょっと……」

「じゃあ、話題を変えるわ。江川君は私をどう思ってるの？」

話の矛先が見えませんでしたが、私はやや開き直りました。

「上司として尊敬しています。それに、女性としてもすごく魅力的だと思います」

「うふふ、正直でいいわ。江川君、私の胸とかお尻、よく見てたでしょ？　気づいてたんだから……」

驚いた私は、本当に何も言えなくなりました。この手の話が、お堅くて厳しい宇都宮部長の口から出たことに、驚きのキャパを越えていました。

「私を毎日送り迎えして、ホントに迷惑じゃないのね？」

「逆です。すごく楽しみになってます。車の中に部長の残り香があるので、一人で乗るときも、ヘンな気持ちになってニンマリしてしまいます」

もう完全に開き直ってしまい、そんなことを口にしました。

「あらあら、正直が過ぎるわ。うふ、じゃあ、次の次の信号を右に曲がってくれる？」

「え、部長のご自宅と反対ですよ？」

部長はなにも言わず、薄い笑みを浮かべるだけでした。そのあと、細かい指示を聞きながら車を走らせると、リバーサイドのラブホテル街に近づきました。

意図がわかると、私は静かに動揺していました。

「二人だけだから言いますけど、部長のことが、女性として好きでした」

「二人だけだから言うけど、出来の悪い部下にいつもヤキモキしていたわ」

こんな状況でもまったくキャラのぶれない部長の物言いに、逆に安心感を覚えたものでした。

ラブホテルの車用の暖簾《のれん》が軒《のき》を連ねている細い道で車を徐行させました。

「どこにしますか？」

私の声は緊張でカサつき、いくぶん上擦っていました。

「どこでもいいわ」

部長は面倒くさそうに答え、両手を頭の後ろで組んで枕にしていました。

退屈そうな部長をこっそりと盗み見しました。ジャケットの下の白いブラウスは巨乳で張り、ボタンが飛びそうになっていました。

ラブホテルの一つの暖簾をくぐり、私たちは黙って車を降りました。

「どの部屋にしますか？」

「任せるわ」

仕事でたまに聞く、冷ややかな部長のトーンそのままの声でした。

狭いエレベーターに乗ったときも、部長から気負いはまったく感じられませんでした。緊張しているのは自分だけかと思うと、苦笑いが洩れそうになったものです。

部屋に入ると、独特の澱《よど》んだ香りが鼻をつきました。

部長は胸を張って軽く伸びをしました。

「やっと落ち着けるところに来た気分だわ。いろんな人が出入りする家も、気をつかわれまくりの会社もシンドイのよ」

そうして、「うふふ」と部長は笑いました。

このとき、初めて気づきました。退屈そうに、面倒くさそうにしている部長は、ひどく緊張していたのです。こんな投げやりな口調や表情は、ありそうでなかったものでした。

私はカバンをおろしジャケットを脱ぐと、部長に近づきました。

「部長、いろいろお疲れさまでした……」

まずはねぎらいの言葉をかけ、ゆっくりと宇都宮部長を抱き締めました。部長は拒《こば》まない代わりに、返事もせず積極的に抱き返してくることもありませんでした。

「ここには親戚も会社の人間もいません。出来の悪い部下が一匹いるだけです。邪魔なら、ベッドから蹴っ飛ばしてもらってもかまいません」

「あんたのそういうとこ、気に入ってたの」

部長は私の胸に軽く顔を埋《うず》めながら、気だるそうに言いました。

「部長の言うとおり、こっそり部長のお尻や胸をいつも見てました。白状します……」

ジャケットの上から背中をなでていた手を下げ、ミニスカート越しにお尻をなで回しました。ふっくらとボリュームがあり、硬いジャケット繊維の拒絶感が、逆に痴漢をしているような背徳感を煽りました。

「こうやって、お尻をさわってみたかったんです……」

見おろすと、頭頂部の下で部長がゆっくりと息を荒げているのがわかりました。緊張と非日常感で息が乱れているのかと思いましたが、違いました。

「部長、顔を上げてください」

部長の頬はほてり、瞳は充血してうるんでいました。小さく開いた赤い口は細かく震えているのがわかりました。

互いに吸い寄せられるように、唇を重ねました。

あこがれていた美人部長とキスができたのに、感慨に浸る間はありませんでした。部長が大きく口を開け、激しく舌を絡めてきたのです。部長の舌は十分な唾液でうるおい、劣勢な私の舌を執拗《しつよう》に責めてきました。

お尻をなでていた手を下げ、ミニスカートのすそから手を中に入れました。ストッキングの上からお尻をなでると、湿度とともによりなまなましい感触が伝わってきました。その手をさらに前に持っていきました。

「あああ、江川君……」

そのとたん、聞いたことのない高い掠《かす》れた声で部長はつぶやきました。パンティとストッキング越しでも、部長の股間の奥が濡れているのがわかりました。指で軽く押さえるだけで、ジュクジュクと中から音が洩れてきそうなぐらいでした。

「部長のアソコ、ビチョビチョになってます……」

すると激しくキスをしているのに、部長は私の頬を軽く叩きました。男女の関係になっても、こんなところは部長らしいと思ったものです。

私はキスを解き、部長の両肩を軽くつかみました。

「僕、部長が女性として好きなんです」

「知ってたわ」

身もフタもない返答のあと、部長は驚くようなことを言いました。

「私は、いつかあんたとこうなる気がしてた……私の部署で誰か選ぶとしたら、あんたしかいなかったわ」

これはうれしいカミングアウトでした。

「いつでも呼んでくれたら、けしかけられた犬みたいに喜んで来たのに」

「そうね。わりと最悪のタイミングだったわ。でもこれで、病床の旦那を気にせずにすむようになったのよ」

そう言いながら部長は肩を一方ずつ上げ、ジャケットを脱ぎました。

「なにしてんの。あんたも脱いで」

「ああ」と間抜けな声をあげ、私も着衣を脱いでいきました。

当然、まずはシャワーを浴びるものと思っていましたが違いました。

私がブリーフ一枚になったところで、いきなり部長が私をベッドに押し倒したのです。部長はピンクのブラジャーと、黒いストッキング、ピンクのパンティ姿でした。

そうしてそのまま、あおむけになった私に乗りかかってきたのです。スレンダーな体形ですが、遠慮なく体重をかけてくるので、けっこうな重さでした。むろん、それは私の喜びの大きさでもありました。

「部長をこんなに近くで見るの、初めてですね」

「あんたの右目の下の小さなホクロ、近くで見ると大きいわね」

また唇を重ねました。さっきよりはソフトなキスでした。私は部長の背中に手を回し、ブラジャーのホックをはずしました。

前屈姿勢のために、白い大きな乳房は釣鐘状《つりがねじょう》になり、私の顔の上にぶら下がっていました。私は両手で乳房をつかみ、顔をもたげてしゃぶりつきました。

「あああ……江川君、そうよ、もっと……」

ときおり、なめらかな肌がざらつきました。鳥肌を立たせたようでした。

激しい喉の渇きをいやすように、私は巨大な乳房を二つともベロベロと舐め回しました。薄暗い照明でも、自分自身の唾液で白い乳房がテカっているのがわかりました。

「部長、僕のコレ、こんなになってます……」

私は部長の手を取り、ブリーフ越しの自分のペニスに導きました。

「まあ、こんなに大きくして。あんただってパンツの先っぽ、濡れてるじゃない」

息子のイタズラを優しく叱る母親のような口調でした。これもありそうでなかった部長の一面でした。

「部長に仕事で怒られるたびに、こうなってました」

「あら、危ない子」

私は両手を下げ、部長のストッキングの腰ゴムをとりました。実に面倒くさそうに、部長は脚をもぞもぞさせ、脱がすのに協力してくれました。片脚だけを抜き、シワだらけで黒っぽくなったストッキングは、残る脚にそのままにしました。

パンティ越しに、また股間に手のひらを当てました。

「部長のパンティ、絞れそうなぐらいですよ。記念に持って帰りたいぐらいです」

また軽い平手が来るのかと思ったら、部長は意外な返しをしてきました。

「いいわよ。大切にしなさい」

部長はずるずると体を下げました。その顔には、仕事中はけっして見ないような淫靡な笑みが浮かんでいました。

「出来の悪い部下のパンツ、私が脱がせてあげる」

部長は私のボクサーブリーフに両手をかけ、ゆっくりと下げていきました。

勃起したペニスが腰ゴムに引っかかり、音を立てるほどの勢いで跳ね上がりました。

「まあ、仕事はアレなのに、ここは立派なのね」

高い声でつぶやくと、部長はペニスに顔を寄せ、わりと乱暴に両手でつかみました。

「ああ、これ……こんなに硬くて熱いものだったのね！」

部長は締まらない笑みを浮かべ、ペニスに頬ずりまでしていました。

「それにこの匂い……ああ、たまらない……！」

部長は舌を出し、立てたペニスに這わせました。

「あんたの言うとおりね。もっと早く狙えばよかった。ダメ社員なのに、こんな素敵なモノ、股に挟んでたなんて……」

素直に褒めないところは、実に部長らしいと思いました。

「部長、僕も、部長のを……」

ペニスへの刺激もさることながら、あの美人で怖い部長が自分の性器で興奮しているということ自体に、私は興奮していました。

部長は私のペニスから顔を離さないまま体をずらし、そうして私の顔を跨《また》ぎました。

部長はピンク色のパンティをはいたままです。パンティのクロッチからも、淫らなお汁が顔に垂れてきそうでした。

顔をもたげ、濡れたパンティのクロッチに唇をつけました。そのまま、ガーゼに浸した蜜を吸うように、チュウチュウとパンティを吸いました。

上下逆のまま、部長のパンティに両手をかけ、脱がしていきました。お尻がずいぶん大きく見えましたが、下から見上げているのと、普段の部長のキャラもあったからかもしれません。スレンダーでぱっと見るお尻は小さめの体形なのです。

「部長、腰を落としてください」

部長は浮かしていたお尻を落とし、私の顔に直接性器を当ててきました。ダイレクトに顔に股間を押しつけてきたので、比喩ではなく窒息しそうでした。

「ああ、江川君のオチ○チン、おいしいわ……」

部長の声で「オチ○チン」の言葉が出ただけでペニスがピクリと反応し、最初の射精の予感が走りました。

ペニスに温かい圧がかかり、フェラチオしてくれているのだとわかりました。

私も舌を出し、夏の犬のように懸命に部長の性器を舐めほじりました。

宇都宮部長とシックスナインしている、その状況にすでに爆発しそうになっていました。舌づかいはどこまでも激しく、優しく、それは厳しくもどこかで逃げ道を残してくれる、部長らしさがありました。

部長がゆるりと体を離しました。そうして手負いの猛獣のようにもぞもぞと向きを変え、正常位で私に重なってきました。髪を振り乱し、ほてった顔に充血した眼差しの部長の顔は、普段の険しいビジネスウーマンとは異なる怖さがありました。

「江川君、入れるわよ……」

まるで、男女が入れ替わったような言い方が印象的でした。

私を見つめたまま、部長は私のペニスを無遠慮につかみ、自身の性器に導きました。

「ああ、あああ……江川君のが、入ってる……！」

部長は途中から半目になり、震える声でつぶやきました。

「部長のオマ○コ、ヌルヌルであったかいです……！」

宇都宮部長のオマ○コ、頭に浮かべるだけでビンタが飛んできそうな言葉です。美人でスタイルがいいのに、普段はセクハラなどけっして容赦しないオーラをまとっているのです。

私の肩の横に両手を置いて見おろす部長は、獲物を食らう肉食動物のようでした。

私が本能的な動きでピストン運動を始める前に、部長は腰だけをゆっくりと前後させていきました。

「ああ、この感覚……これよ、なつかしいわ……あああっ！」

部長は低い声で感慨を口にしました。眉根を強く寄せ、つらそうな顔なのに、口元には笑みが浮かんでいるのです。

「部長、僕もすごく気持ちいいです……このまま死んでもいい！」

すると部長は目を開き、ピストンをしながら表情を曇らせました。

「ダメよ。死んだりしたら、絶対に許さないから……」

セックスの渦中に、私は不用意な発言を反省しました。

部長が上半身を倒し、私に抱きついてきました。私も抱き返しながら、双方激しく下半身だけを動かしました。抱いてみると、実際にはこんなに小さな体だったのかと驚いたのを覚えています。

「部長、今度は僕が、後ろから……」

「いいわ」

ゆっくりと部長がうつ伏せになり、お尻を上げてくれました。私は膝立ちで部長のお尻をつかみ、さらに持ち上げました。

「宇都宮翔子《しょうこ》営業部長は、こんなかわいい肛門してるんですね」

「あん、やめなさい、恥ずかしい……」

この短いひと言だけでも、オナニーのおかずになるほどでした。

部長の腰をつかみ、硬くなったペニスをゆっくりと入れていきました。

「部長のオマ◯コ、すごく僕を歓迎してくれてます……」

歯の根を食いしばって私は言いました。三年ぶりに開かれた膣道はうるおいすぎるほどうるおっていて、強い圧がありながらまったく摩擦を欠いていたのです。

「ああああ……指の先まで感じちゃう。もっと……旦那が生きてるときから、割り切ってればよかったわ……ああんっ！」

部長は声を割らせながら、いくぶん不穏な言葉を発していました。感じちゃう、などという言葉が部長の口から出たことに、それこそ死ぬほど驚いたものです。猛烈なピストン運動の末、私は部長の膣奥に激しく射精しました。

「僕、一生、部長についていきます……」

ペニスを抜いてそう言うと、部長はまだほてった顔に苦笑を浮かべました。

「ダメよ。違う意味に聞こえるじゃない……」

その翌日も、帰りにラブホテルに寄りました。

三日目は部長の家に呼ばれました。まだお線香の香りの残る家で、違和感と罪悪感に包まれつつも、いちおうの挨拶としてお仏壇に両手を合わせ、あらかじめ敷いてあったらしいお布団で私たちはセックスしました。

それから一カ月がたち、弔問客《ちょうもんきゃく》が減ったころから、私は部長の家で穏やかに生活しています。

生活のためされるがままに身を委ね……絶倫老人の巨根でアクメしまくる熟女！

村井絵里　飲食店経営・三十八歳

夫の死は、突然でした。脳溢血《のういっけつ》でした。まだ四十四歳でした。

彼と二人三脚でやってきた洋食店が、やっと軌道に乗ってきたばかりのことでした。ショックでしたが、いつまでも呆然《ぼうぜん》としているわけにもいきません。小学生で食べざかりの子どももいます。すぐにでも店を再開して、私一人で夫のぶんまで働こう。私はそう決めました。

しかしそんな私に、お金の問題が重くのしかかりました。蓄《たくわ》えはわずかでしたし、夫の入院治療もかなりの出費になり、店の家賃さえ滞納するありさまでした。借金できるところからは、もう借りられるだけ借りてしまっていました。このままでは、もう店をたたむしかありません。

そんなときです。私に甘い言葉をかけてきたのは、店の大家であり、町有数の資産家でもある黒川《くろかわ》でした。

「困ってるんだろう？　ああ、俺も鬼じゃない。なんとかしてやろうじゃないか。家賃は少し待ってあげてもいいよ。なんなら、それとは別にいくらか用立ててあげたっていいんだ。もちろん見返りはもらうけどね。あんたも大人だ。俺の言ってること、わかるだろう？」

黒川は、今年六十八歳になる老人ですが、浅黒い顔をいつも脂でギトギトさせた、見るからにスケベそうな男です。以前から黒川は私のことがお気に入りで、ときおり店にやってきては、夫の目を盗んでは「今度飲みにいこう」とささやいたり、さっと私のお尻をさわったりしていたのです。

私はいい歳をして性欲をギラギラさせたこの老人が生理的に大嫌いでしたけれど、それでも町の有力者で大家さんですから、露骨なセクハラにも黙って耐えてきました。

その黒川が、私の窮状《きゅうじょう》につけこんで、本格的に私の体を求めてきたのです。

あの脂ぎった老人に抱かれることを想像すると、正直、ぞっとしました。でも、大切なお店と、家族の生活にはかえられません。

「わかりました……どうぞなんでも、お好きになさってください」

震える声で、私は答えました。

それは、昼下がりのことでした。私の自宅のテーブルで差し向かいになった黒川は、立ち上がるなり私の腕をつかみました。

「へっへっ。聞き分けがいい奥さんだね。じゃあ、ベッドに行こうか」

私は驚いて、思わず声をあげました。

「え、いま、ここで、ですか!?」

「そうだよ。何か文句でもあるのかね?」

たまらなくなって、私は激しく首を横に振りました。

「こ、ここでは、イヤです。ついこの間まで夫がいた家の中でなんて……それに、子どもだって、いつ学校から帰ってくるか……」

黒川は、ニタリといやな薄ら笑いを浮かべました。

「だから燃えるんだろうが。それに俺は気が短いんだ。ホテルなんて面倒だ。さあ、ベッドに行こうじゃないか、奥さん!」

そう言うと、黒川は私の手を乱暴に引っぱって、私たち夫婦の寝室へずかずかと入り込みました。

私をベッドに突き飛ばすと、黒川は固太りした体で、私の上にのしかかってきました。

そして犬のようにクンクンと、私の髪の匂いをかぐのです。

「うーん、いい匂いだ。たまらん。あんた、あれだな、なんとかいう女優に似とるな。ほれ、石鹸のコマーシャルによく出とる。あんた、歳はいくつだっけ。ああ、三十八か。女がいちばん熟し切る、ええ歳だ。俺はあんたみたいな美人を、一度めちゃくちゃにしてやりたいとずっと思っとったんだ！」

私は無言で、わき上がる嫌悪感をじっとこらえていました。

ふとベッドの枕元を見ると、写真立ての中の夫の顔が目に入りました。

その瞬間、涙が溢れました。私は泣きながら、黒川に懇願しました。

「お願いです……お願いですから、ここでは許して。夫が、夫が見てますから……」

黒川も、夫の写真にちらりと目をやりました。しかし黒川は、気がなえるどころか、いっそう意地の悪い顔で私を押さえつけるのです。

「いいじゃないか。旦那さんにも見せてやりなさい。俺みたいなジジイに、いいように体をもてあそばれるところを！」

黒川の手が、セーター越しに私の乳房を握りしめました。

「ああーっ、いやあ……やめてくださいっ！　ひどすぎますっ……」

私のすすり泣く声にも、黒川はいっそう興奮を昂《たかぶ》らせるだけでした。

「おお、いいおっぱいしとる！　腰は細いのに、乳だけはでっかくて、まるでメロンみたいにぷるんぷるんだ。こんないい乳しとって、未亡人だなんてもったいないぞ。俺みたいな話のわかる大家がいてよかったなあ。この体のおかげで、あんたたちも露頭に迷わなくてすむんだから」

「いや……そんなふうにさわらないでください！」

黒川は容赦なく私のセーターをまくり上げ、ブラジャーを剝ぎ取りました。夫以外、誰にも見せたことのない乳房が、黒川の下卑《げび》た目の前に丸出しです。芋虫のような黒川の太い指が、妙に優しく、ゆっくりと私の乳首をなでました。

「んんっ」

ぞわぞわする感覚に、思わず声が出てしまいました。

「くくく……口ではイヤイヤ言いながら、乳首はもうコリコリじゃないか。奥さん、ほんとは興奮しとるんだろ？　ええ？」

「ち、違います……こ、興奮してなんか……あうっ！」

黒川の舌が、いきなり、乳首を舐めたんです。ねばっこい唾を滴《したた》らせた生暖かい舌が、おっぱいの先っちょを、ちろちろ、ねろねろとしてきます。

「ほうれ、感じるんだろう？　スケベな乳しおって。旦那ともずいぶんご無沙汰だったんじゃないか？　ええ？」

こんなゲスな男に、夫と寝ていたベッドの上で体を汚されて、イヤでイヤでたまらない。たまらないはずなのに……。

自分でも認めたくありませんでしたが、でもいまにして思うと、私は感じてしまっていたんです。黒川の言うとおり、生前から夫とは何年も性交渉がありませんでした。育ち盛《ざか》りの子どもがいる夫婦なら、それもあたりまえと自分に言い聞かせてきましたけれど、実は私、セックスが大好きなんです。できるなら、夫とも毎晩したかったくらいでした。

長いことずっと性に飢えていた私の体は、相手がこんな色ボケの老人だというのに、その巧みなテクニックに、つい反応してしまっていたのです。

黒川の手が私の乳房をもみしだき、舌が耳たぶや唇をねぶり回すほどに、肌はどんどん敏感になっていきました。

「はぁ……はあぁん。くふぅんっ」

歯を食いしばって声が出ないようにするのですが、私の淫らな肉体は勝手に快感にしびれて、こらえきれずはしたない喘ぎを洩らしてしまいます。

「ずいぶんとスケベな声を出すじゃないか。すっかり気分を出しやがって!」

耳元で、黒川が低い声でささやきました。

「そ、そんなこと……ありま……せんっ」

なんとか答えましたが、図星でした。黒川は見かけによらず、その指づか使いや舌づかいはとっても繊細で、どんなに我慢しようとしても、快感が抑えられないんです。

やがて黒川の指は、私の下半身へと伸びてきました。

いかつい指が、ショーツの上から、私の女性自身をいじくるんです。

「あっ、んんっ、そ、そこは……」

自分でもわかるほど、私のアソコは熱く湿っていました。黒川はそのうるおいを、指で何度も確かめます。

「おお、もうすっかり大洪水じゃないか。誰でもいいから男が欲しくてたまらないと、あんたのアソコが言うとるぞ、奥さん！」

黒川が、嘲《あざけ》るように言いました。私は悔しさと恥ずかしさと、それに、どうしようもない性欲のせいで、思わずまた情けないアヘ声を洩らしてしまうんです。

「ち、ちが……ひいいんっ！」

下着の上から、黒川のぶよぶよした指が、私のいちばん恥ずかしい部分をずりずり、こりこりといたずらします。

「あ……はあぅっ！」

何年かぶりに全身に走る、女だけが味わえる快感でした。

背徳感にさいなまれながらも、私はいつしか無意識に腰を浮かせ、もっといじってほしいというように、ふしだらにお股を開いていました。

「おお、いやらしくお尻をくねらせて……さっきまでの貞淑ぶりはどうした、ええ？おめこをこんなに濡らして感じまくってるじゃないか。すっかり気持ちよくなってるんじゃないかい？　ほれ？」

Sっ気丸出しで、黒川がささやきます。

「あうう、そ、そんな……そんなこと……あああーっ！」

ショーツのすき間から、とうとう黒川の指が直接、私のアソコにふれてきました。

指はぬるりと、私の中へと沈みこんでいきます。

「お、お……あっ、だめぇっ、そこはやめてぇ……」

膣の奥の過敏なポイントを黒川はいともあっさりと探り当て、そこを中心にずぶずぶと指を出し入れするんです。

もう、私は逆らえませんでした。だって、そんな指のテクニックは、夫からもしてもらったことなかったんです。生まれて初めて知る快楽でした。

巧みに私の中をえぐる力強い指ピストンに、はただ悶《もだ》えのたうつだけでした。

「ひいっ、いやっ、そ、そんなとこほじくらないでっ！　あっあっ、お股が、お股がどうかなっちゃうっ！　ああ、いやいや、こんなことで感じたくなんかないのに、体が勝手に……あなたっ、助けて、あなたぁっ！　んひぃーっ！」

無我夢中で、叫んでいました。その直後、私はイカされちゃったんです。

憎い、醜い老人の指で。つい数カ月前まで、夫と使っていたベッドの上で。

夫との性生活ではほとんど忘れかけていた、激しい絶頂感でした。

快感の余韻《よいん》が引いて、頭がはっきりしてくると、途方もない罪悪感とせつなさが襲ってきて、私はまたさめざめと泣きだしました。

「ああ、あなた……許してあなた……うう、うう……」

でも黒川は、私のそんな泣き顔に、ますます性欲を昂らせるだけでした。

「ほら、奥さん、自分だけ楽しんじゃズルいじゃないか。俺のココも、もうこんなに元気になってるんだ。しっかり慰《なぐさ》めてくれよ！」

黒川は私の上体を起こさせると、すぐ鼻先で、下着をおろしました。黒川の性器が、まともに視界に入ってきました。

ひと目ソレを見た瞬間、私は固まってしまいました。

え……やだ、なにこの大きさ。すごい……。

太鼓腹の下からニュッと鎌首をもたげたドス黒いそれは、私が唯一知っている夫のペニスとは、長さも太さもケタはずれの大きさだったのです。

節くれ立ったそれは荒々しく天に向かってそり返り、先端からはねっとりと透明な粘液をヨダレのように滴《したた》らせていました。とても老人の性器とは思えない力強さです。

「どうしたんだい、奥さん。初めて男のナニを見る、おぼこじゃあるまいし。男の喜ばせ方くらい知ってるだろ？　それとも何かい、ダンナさんのモノよりだいぶデカくて見とれちまってるのかね？　ほれほれ、しっかりお口で慰めてくれんと！」

黒川は、私の返事も待たず、勃起した巨大なものを私の口に押し込んできました。

ムッとする野性的な男性そのものの臭気とともに、熱く張り詰めたかたまりで私のお口はいっぱいになりました。

息苦しくて、不快な匂いでしたけれど、同時にそれはしびれるように女の本能を刺激する香りでした。

ああ、こんな逞しいの、初めて……。

気がつくと私は、口の中で舌をうねらせて、黒川の陰茎を夢中でしゃぶっていました。

「おお！　なかなかうまいじゃないか、奥さん。こりゃ、いい気持ちだ。ほーら、ダンナさんも、あんたのフェラ顔を見てるよ！」

私ったら、夫の遺影の前で、こんな男のものをしゃぶってるんだわ。あなた、ごめんなさい。でもこれは、お店と家庭を守るために仕方なくなの。許して……。

私は唇と舌とを総動員して、黒川に快感を与えるために尽くしました。それで黒川が果ててくれれば、下半身の最後の操《みさお》は守れるかもしれない。そんな思いでした。

早く……早く射精して。さっさとすませて。お願い……。

でも、黒川はそんな淡白な男ではありませんでした。

「ククク……どうだね奥さん。あんた、そろそろ別のお口にコイツが欲しくなってるんじゃないのかね？　ええ？」

「え……そ、そんなこと……ありませんっ！　お、お願いですから、それだけは……お口で最後までして差しあげますから……」

もちろん、私のそんな甘い懇願なんか聞いてくれる男ではありません。黒川はまた私を押し倒し、乱暴にお股を開かせました。くちゅくちゅと指で私の割れ目を探り、濡れ具合を確かめます。

「さっきよりさらにびっちょりだね、奥さん。おお、中でヒクヒクして、早く入れて入れてと泣いとるわい！」

「う、嘘です、嘘ですっ……お願いです、ああっ、夫の前でだけは許してえっ！」

泣きむせぶ私の顔をべろりべろりと舐めながら、黒川はゆっくりと腰を進めてくるんです。長いこと男性を受け入れていなかった私の女性自身が、黒川の野太いモノの先端で強引に押し広げられていきます。

犯されちゃう……夫の目の前で、汚らわしい老人の極太チ○ポで。

ずりっと、巨大な亀頭が侵入してきます。

正直に告白すると、その瞬間に私が感じたのは、天にも昇るような快感でした。

夫への愛情や貞節は嘘ではありません。でも、精力絶倫の逞しい男性に、夫の目の前で行為を強いられているというこの状況に、自分でも知らなかったマゾ的な喜びが目覚めてしまっていたんです。

「んんっ……くうぅっ！　ああすごい、おっきぃっ！　アソコ裂けちゃうっ！」

食いしばった歯の間から、我知らずいやらしい声が洩れます。

さらに少しずつ、黒川の大きなアレが、私の奥へ奥へと入ってくるんです。

夫以外との経験がない私には、こんな大物を迎え入れるのは初めての経験でした。

それでも、痛みはありませんでした。それよりも、自分の内側にある女のポイントが、みっちり満たされたおち○ちんで刺激される、快感がものすごかったんです。

「どうだい、俺の自慢のイチモツは。こいつでヒィヒィヨガらなかった女はいないんだ。あんたもたまらんのだろう？　ほれ、ダンナの前でもっといい声をあげるんだ！」

黒川はそう言いながら、自由自在に私の中でその分身をうごめかせるんです。右に左にひねりを加えたかと思えば、小刻みに突いたり、大胆に出し入れしたり……。

悔しいけれど私はもう、黒川のモノのとりこでした。

「あひぃっ、そ、それすごいっ！　ああイヤ……こ、こんなの、こんなのイヤなのに、どうして、どうして気持ちいいのぉっ！」

私は激しく首を振り立て、ずぶずぶと黒川のペニスが抜き差しされるたびに、ふしだらな歓喜の声をあげてしまうんです。

「奥さん、あんたのもなかなかの名器じゃないか。特に奥の壺口の締りがたまらんぞ！お互い、たっぷり楽しもうじゃないか、ひひひ」

ゆがんだ笑顔で私を見おろしながら、黒川はねちっこく私を責め立てます。

理性ではこの老人をはねのけたいと思うのですが、悲しいことに私の本能は、この男が与えてくれる快楽に、完全に屈服していました。

激しく膣を突きながら、黒川の分厚い唇が、キスを求めてきます。私は自分から唇を開けて、肉厚な黒川のべろに自分の舌を絡めてしまいます。

気持ちよさがさらに跳ね上がって、全身の肌がぞわぞわと粟立ちます。

このままだと、私はおかしくなってしまう。本気でそう思いました。

「うふぅんっ、んんーっ、んはぁっ！　はあん……も、もう許して……は、早く、すませてしまってくださいっ……！」

息も絶えだえに哀願する私に、黒川はさらに底意地悪く言うのです。

「おいおい、そうつれないことを言いなさんなよ。あんただって楽しんでるんだろ。ひさしぶりのデカマラ食らって、タマらんのだろ、ほれ？」

「ち、ちが……あうぅんっ！　き、気持ちよくなんか……ありませんっ……！」

黒川は突然、私の中からモノを引き抜きました。

どうしたのかと考える間もなく、私は四つん這いにさせられていました。そして黒川は無造作に、バックからもう一度グリグリと挿入してきたんです。

「あ……ああっ、イヤっ、こ、こんな格好……イヤぁっ！」

「おお、こっち側から見る体も最高だよ、奥さん。デカくてぷりっぷりの、ええケツしとる。ほうれ、こうやって、犬みたいにハメられる具合はどうだね？」

後ろから入れられると、大きなおち◯ちんがさらに奥までハマるみたいで、さっきとはまた違う快感なんです。

それに、ほんとうにけだものじみたこの姿勢は、屈辱感もひとしおです。

いまの私はもう、屈辱を与えられれば与えられるほど喜んでしまう、メスブタ状態でした。

私のお尻を叩いたり、なで回したりしながら、黒川は楽しげに膣の中をかき回しはじめました。私はただ、そのリズムに合わせてお尻をくねらせるだけでした。

「んぐぅーっ、ああ奥に、奥に当たるぅっ！　もう、もう堪忍《かんにん》してくださいっ！　早くぅっ、早く、終わらせてぇっ！」

「またそんなことを言う。こんなにマン汁びしょびしょ滴らせて、本当はもっとしてもらいたいんだろ？　正直になんなさい。死んだダンナよりイイんだろ？　素直にそう言えば、もう終わりにしてやってもええぞ！」

私はクッと唇を噛みました。

本当のことを言えば、夫のセックスはお粗末そのものでした。もともと精力が弱く、新婚当初ですら行為は週に二回が限度、前戯もそこそこに、入れたと思ったらあっという間に一人で射精して、それでおしまいでした。

それに較べて、黒川の荒々しいセックスの気持ちよさときたら……。

なおも私の奥にある弱い箇所を執拗《しつよう》に責めながら、黒川はさらに詰問するんです。

「それ、言ってしまえ。ダンナのナニより気持ちいいって。ほれ、ほれ！」

「あっ、ああっ！」

とめどない快感の前に、私の最後のプライドは、あっさりと崩れてしまいました。

気がつくと私は、夢中で叫んでいたんです。

「気持ちいいっ！　黒川さんのおっきいチ○ポ、死ぬほど気持ちいいのぉっ！　もっと、もっと奥まで、えぐってぇっ！」

「ふへへ、それでいい。おお、あんたもずいぶん締めつけてくるじゃないか。こりゃたまらんわい。そうれ、お望みどおり、奥まで貫いてやるぞ！」

深く腰を据えると、黒川はさらに激しく、力強く出し入れするんです。

あの硬い極太棒が、まるで頭まで突き抜けているみたいな強烈な快感に、私は包まれました。

「おひぃっ！　すっ、すっごぉいっ！　こ、こんなにおま○こしてもらったの初めてっ！　私、どうにかなっちゃうっ！　あっ、あなた、ごめんなさいっ！　私、知らない男に犯されて、イキそうなのっ！」

悶絶《もんぜつ》寸前の私の前に、黒川はわざとベッドサイドに置いてあった夫の遺影を押しつけました。小さな写真立ての中で、亡夫が笑っていました。

「それ、だらしないイキ顔をダンナに見てもらえ！」

「あーっ、いやっ、やめてっ！　許してあなた、ああーっ、こんないやらしい私を、見ないでぇっ！　くぅーっ、あひぃーっ！　も、もう、私……！」

夫の写真を見せられた瞬間、自分でも不思議なくらい興奮して、気持ちよさが高まってしまったんです。いままで気づかなかったけれど、私ってきっと、とんでもなく変態のマゾヒストなのかもしれません。

最後にぐぐっと黒川のモノが子宮に届いた瞬間、私は「ひぃーっ、ひぐぅーっ！」と無様な声をあげて、絶頂に達してしまいました。

下半身がわななわなと痙攣し、脱力したとたん、おしっこが洩れるのもわかりました。

「ぐふぅっ、奥さん、このまま中でイクからな！　しっかり受け取んなさいよ！」

黒川がうめき、思いきり私の上におおいかぶさりました。老人とは思えないこってりした精液が、私の胎内にドクドク放出されているのが、はっきり感じられました。

ああ、どうしよう……すごい出てる。赤ちゃん出来ちゃうかも……。

そんなことを考えながらも、私の体は快楽にしびれきり、もう逃げようという気力さえわかずにいたのです。

こうして、私のお店は廃業をまぬかれました。

黒川は家賃の滞納分を棒引きしてくれたばかりか、少なくない手当てまでくれるようになりました。店の経営は、ほどなくどうにか軌道に戻りました。

もちろんその代償は、私の肉体です。

お店の定休日には必ず黒川がやってきて、私とのセックスをむさぼっていきます。

亡くなった夫への良心の呵責《かしゃく》は、もちろんまだあります。でも、子どもを育てながら、生活していくためには、きれいごとばかり言っていられません。

それに、大きな声では言えませんが、絶倫でテクニシャンの黒川に抱かれるのは、もう苦痛じゃないんです。いいえ、それどころか、毎回必ずイカせてくれる黒川の股間のモノが、もう忘れられなくなってるんです。

いまでは毎週の定休日、黒川との秘め事を待ちわびるようになっています。

こんな私って、やっぱりふしだらな未亡人でしょうか?

ママさんバレーチーム童顔バツイチ女の熟れた豊乳と肉尻を思う存分味わい!

栗原透　会社員・四十九歳

中学のときにバレーボールを始めた私は、高校から大学とバレー部に所属して、かなり真剣に練習に打ち込みました。そのおかげで、実業団チームを持つ企業から勧誘を受けて就職することができたので、いまとなってはよかったと思っています。

実業団の社員選手は、午前中は会社で仕事をして、午後に練習します。週末はほとんど試合や遠征です。そんな選手生活が三十二歳まで続きました。その後は、普通の会社員として営業の仕事をすることになりました。体育会系の人間は礼儀や敬語が身についているので、取引先の受けがいいそうです。そのおかげか、なんとかこの歳まで職を失うこともなく、現在は営業部の副部長をやらせてもらっています。

引退後も時間があると体育館に足を運んでは、後輩たちの練習を手伝ったり、チームの邪魔にならないように自分の体を動かしたりしてきました。十年ほど前からは、大学のバレー部の仲間が小学校の先生になった縁から、ママさんバレーチームのコーチをやらせてもらっています。

そのチームに去年の春から加入してきたのが、岩崎美香《いわさきみか》さんという女性でした。子どもが小学三年生で三十七歳ということでした。中高と部活でバレーをやっていたという岩崎さんは、身長が百七十センチ以上あってアスリート体型なのに、童顔というルックスなんです。まさに私の好みにぴったりの奥さんでした。

私は中学生でほとんど成長が止まってしまい、身長は彼女とどっこいどっこいか低いぐらいです。そのため、高校からはずっとセッターをやっていました。

コンプレックスというほどではないのですが、もっと背が高かったらなぁと思ったことがなかったと言ったらウソになります。

背の高い女性が好きなのには、そんな心理が影響しているのかもしれません。スポーツをするのに恵まれた体型の女性と、くんずほぐれつエッチなことがしたい。そういう女性をヒーヒー言わせたい。そんな誰にも言えない妄想をして、自慰にふけったことも一度や二度ではありません。でも、根が臆病な私は、現実社会でそういう背の高い女性と淫らな関係になることなど一度もありませんでした。

ですから、私の好みにぴったりの岩崎美香さんが、気になって仕方なかったのです。

ただ、逆に意識してしまい、気軽に話しかけることもできませんでした。せいぜいほかの奥さんたちに、私のよこしまな気持ちがバレないように、分け隔てなくバレーの指導をするために、声をかけるぐらいのことしかできなかったのです。

チームの練習は週に一回、土曜の午後です。岩崎さんに会えると思うと、私はさらにその日が楽しみになりました。

もっとも、その前に私には愛する妻子がいるので、いくら岩崎さんが魅力的でも、そんなよこしまな気持ちを抱くこと自体が許されないことなんです……。

妻とは、新入社員のときからすごくお世話になった、バレー部のOBでもある上司の紹介で結婚しました。二十五歳のときでした。妻は小柄でかわいらしくとてもよくできた女性で、現役時代は食事に気をつかって栄養管理までしてくれました。二人の子どもがしっかり育ってくれたのも、彼女のおかげです。

そんな妻を裏切るつもりなんてありませんから、練習中に岩崎さんの姿に目を奪われている自分にハッと気づいて、後ろめたさに苛《さいな》まれることもたびたびでした。

ところが、岩崎さんがチームに加入して半年ほどたったころです。

うだるような夏が、過ぎ去ろうとしている時季でした。

ある日の練習後、汗びっしょりの岩崎さんに声をかけられて体育館の端っこのほうに行くと、彼女が突然、「コーチ、私、離婚しました」と言ったんです。

私は返事に窮《きゅう》しましたが、なぜか彼女はとても晴れやかな表情をしていました。聞けば、ずいぶんと前から夫婦関係は破綻《はたん》していたらしいのです。

「バレーをやってるとすごく楽しいので、これからもよろしくお願いします！」

「は、はい……ええと、がんばってください！」

現金なもので、岩崎さんがバツイチのシングルマザーになったと知ったとたんに、彼女にムンムンとした色気を感じるようになってしまいました。

バレーボール経験者の彼女は、いつも上はノースリーブ、下は短パンの本格的なユニフォームで練習に参加しているのですが、両方ともワンサイズ小さめとしか思えないぐらい、恵まれた体にピッタリしているんです。

スポーツブラをしているはずですが巨乳は隠しようもなく、何重にも見えるほど揺れたり弾んだりします。短パンもお尻と太腿の際が露出しているように見えますし、股間の部分は恥骨のぷっくりとしたふくらみがあからさまになって、その下は割れ目に食い込んでいるようにさえ見えるんです。

ほかの奥さんにもけっこう大胆なウェアを着ている人はいるんですが、やはり岩崎さんは別格です。ぴったりフィットしたユニフォームで躍動する姿を見ていると、どうしても彼女の胸やお尻、股間に視線が集中してしまいます。練習中だというのに完全に勃起してしまい、何度必死で隠したことかわかりません。

それは、岩崎さんに離婚を打ち明けられてから一カ月ほどしたときでした。

練習後は使用した体育館を私が最終的に確認して帰るのですが、ボールやネットをしまっておく用具室の中をチェックをしていると、背後から「コーチ……相談があるんですけど」と岩崎さんの声がしました。振り返ると、彼女はユニフォームのままでした。ほかの奥さんたちはすでに帰路について、誰もいないようでした。

「は、はい、なんでしょう。バレーのことですか？」

すると彼女は、興奮したように顔を紅潮させて「違うんです……」と言いました。

そして、訴えるように話しはじめたんです。

「私、離婚したら、もっと自由になれると思ってたんです。あの、こんなこと言うのは恥ずかしいんですけど、恋愛とか結婚とか、そういうこと抜きで、いろんな男の人と……割り切って、おつきあいできるのかなって思ってたんです」

私の頭の中で〝割り切って〟という言葉がグルグルしました。つまり岩崎さんは、セフレ的なことを言ってるのかもしれないと思いましたが、一回りも年下の彼女に動揺していることがバレるのはイヤなので、取ってつけたように答えました。

「あ、いや、まあ、独身なんですから、できるんじゃ……ないですか」

するとと岩崎さんは、ちょっと怒ったように言葉を続けました。

「でも、おつきあいできる男の人をどうやって見つければいいのか、わかんないっていうか……出会い系とかマッチングアプリって、どんな人とつながるのか怖いし」

それから少しの間を置いて、意を決したように彼女が言いました。

「もしコーチさえよかったら……私とおつきあいしてもらえませんか？」

私は心臓がバクバクして、熱くなった全身から汗が噴き出すのを感じました。

「そ、それは、マズイっていうか、いちおう、コーチと選手なんで……」

「だけどコーチ、いつも練習のとき、すごくエッチな目で私のこと見てますよね？」

頭を金づちで殴られたようなショックでした。私はまじめなコーチを演じきっているつもりでしたが、エッチでよこしまな気持ちが本人にバレバレだったようです。

「いや、そんなこと、ないと……思いますけど」

ウソをついた子どものように、私がアタフタしていると、岩崎さんは用具室の内鍵をガチャリと閉めて目の前に迫ってきました。正面から間近で向き合うと、やはり彼女は私よりも明らかに背が高いようでした。そして、こう言ったんです。

「女として私に興味があるなら、見るだけじゃなくて、していいですよ……」

「な、な、何を言ってるんですか、岩崎さん……」

「私、もう岩崎じゃありません。美香って呼んでください……」

少女のように澄んだ瞳にジッと見つめられて、私はもう我慢の限界でした。

「あぁ、美香さん……んぐ」

目の前の美香さんに抱きつくようにして、唇を重ねました。サクランボのようにぷっくりとした唇は、信じられないほど柔らかくて、しっとりと湿っていました。

チュッ、クチュッ、グジュッ、ジュルル……。

追いかけっこをするように、二人の舌が絡み合いました。おしくらまんじゅうのようにひしめき合う唇の間で、唾液が混じり合って泡立っていきました。

「あん、はぅ……」

ジュルッ、ジュルル、グジュジュ……。

私はキスをしながら、ノースリーブのユニフォームの上から美香さんのバストをさわっていました。グイグイと指に力を入れると、押し返すような弾力が伝わってきました。妻以外の女性の乳房を愛撫するなんて、結婚してから初めてのことでした。

「あふっ、うぅん……いいんですよ、いっぱいさわって」

興奮した私は、ユニフォームの中に両手を忍ばせていきました。伸縮性のある生地をかき分け、サポーターのようなスポーツブラをめくると、たわわな乳房は手の中に収まりきれませんでした。水風船のような弾力に満ちた乳房をもんでいると、大豆ほどの大きさに硬くなった乳首に指先が当たりました。中指と親指でつまんでクリクリとこねるようにいじると、美香さんがビクビクと全身を震わせました。

「あっ、あんッ、エッチなさわり方……」

さらに私は、美香さんの下半身にも手を伸ばしてしまいました。いつも目を奪われていた、短パンに包まれるまるまるとしたヒップをなで回し、もみつけました。ムチムチとした脂肪の下に筋肉も感じる、たまらないもみ心地でした。

「あ、あ、なんか恥ずかしいです……」

太腿をモジモジさせる美香さんに私はさらに興奮して、その太腿のつけ根にも指を伸ばしてしまいました。短パンに浮かぶ恥骨のふくらみから、股間のクロッチ部分に指と手のひらを往復させると、あまりにもなまなましい感触が伝わってきました。

「美香さん、もしかして短パンの下って……」

「ええ、そのほうが動きやすい気がして……バレーのときは何もはかないんです」

そうか、だからあんなに食い込んで見えたのか、そんなことを考えながら、興奮を抑えることのできない私は、美香さんの短パンの中に手をすべり込ませました。

「はふぅ、ん、んん、うぅ」

ポニーテールにまとめた髪からのぞく美香さんの耳が、赤く染まっていました。陰毛の感触を通り抜け、恥骨をおおう柔らかい肉がすっぽりと手のひらに収まると、指先は湿った太腿の真ん中の、粘膜が入り組むヴァギナに達していました。ヴァギナは左右に貼りつくほど小陰唇が開ききり、膣口までが剝き出しているようでした。

「ああん、いやらしい、小学校の体育館でこんな……」

美香さんがそう言って、自分からクチュッと唇を重ねてきました。短パンにハマった指先でヴァギナを引っかくようにいじると、より激しく舌を絡ませてきました。

「んぐぐ、むぐぐ」

二人の唇がローションを塗ったようにすべり、舌がもつれ合いました。気泡混じりの唾液が滴《したた》り流れて、のど元まで濡らしました。私の指先に伝わる愛液は、どんどん量が増えて、蜜壺のようになっていきました。四本の指を押しつけて指の腹で叩くようにすると、短パンの中からビチャッ、ベチャッと音が響いてきました。

「いやッ、そんな音させないで……ください」

美香さんが腰をうごめかせた拍子に、私の指先がコリッとしたものをとらえました。

「アウッ!」

ヴァギナの割れ目の先端で硬く勃起したクリトリスに、中指を押し当て円を描くようにこねると、ユニフォームを着たままの美香さんの体に力が入りました。

「コーチ、そこが私の、いちばんエッチなところです……」

こり固まったクリトリスを責めつづけると、美香さんの下半身が小刻みに痙攣しはじめました。私に抱きついていた両手の指先に力が入り、背中に食い込んできました。

「あッ、あッ、感じちゃう！」

さらに私は中指と人差し指でクリトリスを挟み、激しいバイブレーションを送り込みました。そのまま突き出した舌を美香さんの口元に寄せて、ジュボッ、ジュブッと挿入のリズムで舌を突き入れながら、手首から先を振り動かしました。

すると突然、美香さんのウエストから下が前後に揺れて、ひきつけを起こしたように痙攣したんです。そして天井を仰いで、ポニーテールを振り乱しました。

「ダメ、ダメっ、イッちゃうぅ……」

ビクッ、ビクッと何度も下半身が跳ね上がり、澄んだ叫び声が響きました。

「イク、あぁぁーっ、イクゥーッ！」

ゆっくりとほてった顔を向けてきた美香さんは、少し微笑んで、背後にあった跳び箱に私を寄りかからせました。見つめ合ったまま、私の下半身に手を伸ばした美香さんが、はいていたジャージをおろして、トランクスも脱がせてしまいました。すると、すでに勃起していた私のペニスが、恥ずかしげもなく顔を出しました。

「あぁ、これがコーチの……」

視線を落とした美香さんが、足元にしゃがみ込んでいきました。

「今度は私に、コーチを気持ちよくさせてくださいね」

そう言って、膨張したペニスを両手で包むようにしてくれました。そして何度かやさしくしごくと、いきなり深々と咥え込んでしまったんです。

「あうッ、くうぅっ」

私は思わずのけぞってしまいました。美香さんは、そのままポニーテールを揺らして、肉厚の柔らかい唇をペニスに往復させました。口の中いっぱいに唾液を溜めて、グチュッ、グチュッと音を立てながら、フェラチオしてくれたんです。

「うぅっ、いっ、気持ちいいよ、美香さん!」

みるみる、ペニスが唾液にまみれて光っていきました。うるんだ瞳で私の顔を見上げながら、着乱れたユニフォーム姿の美香さんのフェラが激しさを増していきました。

ジュルッ、ジュルッ、ブジュジュッ。

袋の裏からカリの窪みまで舐め回し、パンパンの亀頭を指で押し潰して、開いた尿道口に舌先をねじ入れてきました。突っ張った私の両脚が、ブルブルと震えました。

「ぐうっ、こんなフェラ、されたことないよ……」

小学校の体育用具室で、フェラチオがいつまでも続きました。あまりの快感に、私は何度も射精してしまいそうな衝動に襲われたのですが、必死で我慢しました。

するとロの周りを唾液まみれにした美香さんが顔を上げて、こうつぶやいたんです。

「ハッ、ハッ……もっとエッチなことが、したいです……」

ゆっくりと立ち上がると、私と入れ替わるように跳び箱に両手を着いて、生足を肩幅以上に開き、短パンの丸いヒップを突き出しました。

「コーチ、私のも舐めてください。立ったまま、後ろから……」

私は興奮に震えながら、短パンを引きずりおろしました。きつい短パンがズルッとめくれると、透きとおるように白い肌の生尻がムチッと露《あらわ》になりました。私は美香さんの背後に膝をついて、短パンを足から抜き取り、しっとりと湿った裏腿や、むっちりと丸いお尻に舌を這いずり回し、味わうように舐め回しました。

「はぁう、すごく、エッチっぽい……」

美香さんはもどかしげに膝を曲げ伸ばし、ヒップをうごめかせていました。

「でも……そんなに、じらさないでください」

クンニを求めて、美香さんがクイクイとお尻を振りました。それを合図に、私はヒップの肉を両手で押し広げ、むっちりとしたお尻の中心に顔面を押し込んだんです。舌先をとがらせ突き出すと、濡れてうごめく粘膜の割れ目にヌルッと埋まりました。肉厚の小陰唇でしょうか、唇にウネウネと生き物のようにねばついてきました。

「あぁっ、いいいっ……いっぱい舐めてください！」

美香さんは立ちバックの格好で、陰部を私の顔にこすりつけようとでもするように、大きく膝を屈伸させてヒップを上下させました。私はクリトリスを舌で舐め上げながら、やや塩気を含んだ甘ずっぱい愛液をジュルジュルと音を立てて吸い込み、喉を鳴らして飲み込みました。胃の中までが、淫らな興奮にしびれていきました。

「いいッ、気持ちいい、また、イッちゃいそうです……」

やみくもにクンニを続けていると、美香さんの指が後ろ手に私を制してきました。

「あの、コーチ……」

荒い息づかいの中で、澄んだ声が恥ずかしそうにささやきました。

「お、お尻の……穴も、舐めてもらえませんか？」

淫らなオネダリに、頭がクラッとしました。私は妻にもアナル舐めなどしたことがないのですが、ヒップの割れ目に沿って舌を這い登らせました。お尻の肉にびっしと浮いた汗が、頬にねばりついてきました。這い上がった舌先に、肛門のうごめきがふれました。

「あぅ……そ、そこ」

美香さんの息づかいに合わせて、湿り気を帯びた括約筋も息づいていました。何度も舐め上げ、舌先をとがらせてグルグルとしゃぶり、中心の窪みに押し込むようにしました。

「はぁっ、いやらしくて……こ、興奮しちゃう」

舌先が吸い込まれ、締めつけられました。夢中でアナルをほじりました。

「あぁっ、こんなところで……お尻の穴を」

私は必死で舌を動かしながら、膣口を指で探りました。アナル舐めを続けたまま、濃厚な愛液でヌルヌルの膣の中に、右手の中指と人差し指を埋め込んで、グジャッ、グジャッとリズミカルに出し入れを繰り返しました。

「あうッ、あぁッ、そんなのダメですぅ……」

美香さんがポニーテールを振り乱し、左右の膝をガクガクと痙攣させました。

「ダメですっ、こんなの、感じすぎちゃいます！」

私はさらに左手の指をクリトリスに押し当て、三カ所を同時に責め立てました。

「イヤイヤ、もう入れてッ……入れてください、コーチ！」

私のペニスはしばらくさわってもいないのに、そり返ってドクドクと脈を打っていました。跳び箱を支えにして、立ちバックの体勢をしている美香さんの背後に立ち上がると、美香さんの股間からスッと指が伸びてきました。その指がペニスをギュッと握って、亀頭をヴァギナに導いていくと、膣口に固定したんです。

「ここです……ここに、入れてください！」

私は尻の筋肉にグイッと力を入れて、ペニスを根元まで突き刺しました。

「ああうッ、す、すごい……ですぅ」

私はすかさずウエストのくびれを両手でつかみ、そのまま一気に強く、大きく、腰を振り込みました。足を踏ん張り、全身全霊でピストンを繰り返したんです。

「あッ、いいッ、最初から激しくて、アアウゥッ！」

美香さんも感じてくれているようで、エッチな喘ぎ声を響かせ、グッ、グッとお尻を張って私のペニスを締めつけてきました。全身から汗が噴き出しました。私はアスリート体型の美女をヒーヒー言わせるという、長年の夢がかなったと思い、天にも昇るような気持ちでした。ただ、あまりの興奮と快感に、そのまま射精してしまうつもりで腰を振っていると、美香さんが「待ってください」とその動きを止めたんです。

「次は私が上になって動きますから、コーチはそこに寝てください」

跳び箱のかたわらには体操用のマットが重ねてありました。美香さんに言われたとおり、その上にあおむけで寝転がりました。すぐさま美香さんは、天井を向いたペニスを騎乗位で挿入しました。むっちりとしたお尻が、腰回りにのしかかってきました。

「ああっ、コーチのオチ○チンの形が、わかりますぅ……」

そう言うと、美香さんが上半身のユニフォームとスポーツブラを脱ぎ去り、全裸になって騎乗位のピストン挿入を繰り返しました。私の胸板に着いた両手で体を支えて、唇を狂おしく閉じ開きながら、ムチッ、ムチッとお尻を打ちつけてきました。ペニスを出入りする膣口から愛液が流れ、陰毛や睾丸まで濡れていきました。

そして美香さんが、私の顔をジッと見つめたまま、訴えるようにささやいたんです。

「誰にも言わないでくださいね。私、本当はすごくエッチな女なんです……だから、これからはコーチが、いっぱい、私のことを満足させてくださいね……」

すると、美香さんの動きがさらに大胆になったんです。ポニーテールを振り乱し、ウエストが折れそうなほどにヒップを振って、弾む乳房が幾重にも見えるほどでした。

騎乗位の強烈な美香さんの腰づかいは、私がさっきまで自画自賛していた自分の腰つきなど、足元にも及ばない激しいものでした。ペニスを深々と咥え込んだまま、全裸でサンバを踊っているようでした。私は女性経験が豊富なほうではありませんが、この歳になって初めて、そんなに腰を振る女性がいることを知りました。

「くぅ、美香さん……も、もう、出そうだよ！」

情けなく訴えた自分をごまかすように、私も下から腰を突き上げました。

「あくッ、コーチ、このまま私の中に、出してくださいぃ！」

美香さんが上半身を突っ伏し、私の頭に抱きついてきました。アスリート体型の肢体が、汗まみれでした。私の汗と混じり合い、二人の体がヌルヌルにすべりました。私が下からペニスを突き上げ、美香さんが上からヴァギナを振りおろすという、競い合うような二人の腰つきで、体育用具室の中に淫らな音が響き渡りました。

「あぁぁーっ、イク、イッちゃうぅ！」

「うぐっ、はっ、で、出る！」

続けざまに、精液が飛び出しました。ビクビクと腰が痙攣して、私が突き上げを止めても、美香さんのお尻はペニスが抜け落ちるまで振り込みを続けていました。

それから毎週土曜の午後、バレーの練習後には、美香さんと私のエッチな自主練が続いています。もちろん、そのたびに彼女をヒーヒー言わせるどころか、私がヒーヒー言わされているのです……。

第四章 己の欲望のまま肉悦に溺れる牝獣たち

急逝した父を裏切り男漁りをする熟義母
滾る怒張で豊潤な女穴を突きまくる！

田中憲一　会社員・三十三歳

幼いころに両親が離婚して、僕が十八歳のときに、父は再婚しました。

当時五十一歳だった父は、二十一歳も年下の義母を射止めたのです。父との年齢差よりも、僕のほうが近いくらいですが、まだ子どもじみていた僕から見ると、義母は成熟した大人の女性に見えました。

初めて会ったとき、なんて上品できれいな人なんだろうと思いました。親父もなかなかやるじゃないかと誇らしくなり、男として、応援したい気持ちでいっぱいでした。

ただ、最初のころは、家に女の人がいる暮らしに少し緊張していました。

思春期の童貞だったせいもあり、脱衣所や物干しに、ブラジャーや小さなパンティなどがあると、見てはいけないものを見てしまった気がしたり、夏場の薄着姿では、大きな胸元を、つい目で追ってしまうこともありました。

そんな後ろめたさや照れくささがあって、なかなか素直になつくことができなかったのですが、義母が本当の親子のように愛情を注いでくれたおかげで、いつの間にか自然となじんでいました。

初婚だった義母のほうこそ、いきなりこんなに大きな息子が出来てとまどったことだろうと思いますが、そんな素振りも見せず、いつも笑顔を投げかけてくれていました。

父が、意外に亭主関白であることも、初めて知ったことでした。義母は、そんな父に尽くすことが喜びであるかのように、かいがいしく世話をしていました。

僕は物心ついてから、夫婦の姿というものを初めて見たわけですが、仲睦まじい二人を見るうちに、まさにこれが理想の夫婦像だと思うようになっていました。

義母は、妻としても母としても理想的な女性として、いつの間にか僕の心に刻まれていました。

仲がよいだけあって、間もなく腹違いの妹が生まれました。妹が生まれると、家の中はさらに明るくなって、幸せで平穏な日々が続いていたのです。

ところが一年半前、父が六十五歳という若さで急逝《きゅうせい》してしまい、家の雰囲気は少しずつ変わってきました。

僕も妹も悲しみに暮れましたが、それ以上に義母の憔悴《しょうすい》ぶりがひどく、見ていて痛々しいくらいでした。

最初の一年は、葬式や法要、遺品整理や手続きなど、慣れない作業に追われて、あっという間に過ぎていきました。

一周忌が過ぎて、少しずつ落ち着きを取り戻したころ、義母が急に働きに出ると言い出しました。結婚してからずっと、父の希望で主婦業に専念していたのです。

「少しでも家計の足しになればと思って。それに、気分転換にもなるわ……」

父は、三人が暮らしていくのに十分な財産を遺してくれていたので、お金の心配はありませんでしたが、きっと外に出て、気をまぎらわせたいのだろうなと思いました。

その気持ちはよくわかるので、賛成しました。妹ももう手がかからないし、父に尽くしていたぶんだけ、時間を持て余してしまっているのも理解できました。

事務のパートに出た義母は、日に日に元気を取り戻しているように見えました。そんな姿を見て、僕も妹も内心ほっとしていたんです。

家事にも手を抜かず、身の回りの世話はいままでどおりにしてくれたし、僕がどれほど遅く帰宅しても、食事の準備をして、起きて待っていてくれました。

ときには、よく父としていたように、晩酌の相手を頼まれたりもしました。

父との思い出話をしながら、照れくさそうに頬を染める様子は、四十五歳とは思えないほど初心《うぶ》に見えて、出会った当時の義母を思い出させました。

ところが、しばらくすると、そんな義母に変化が見られるようになったのです。いままで着たことがない派手な色の服を着るようになり、短めのスカートをはいたりして露出が増えたのです。化粧も、だんだんと濃くなっていきました。

職場の女性たちから影響を受けているのかな、なんて思っていたのですが、ある晩、いつもより早く帰宅したときに、思いがけぬ光景を目にしてしまったのです。

家の近くの公園脇に停まった車から、義母が降りてきました。しかも、車を降りる間際、運転席の男とキスをしているのがはっきり見えたのです。男はサラリーマン風で、義母と同年代くらいに見えました。

自分でもなぜだかわからないけれど、すごく動揺しました。とっさに建物の陰に隠れて、義母が家に入るまでを見届けていました。

公園を一周して、心を落ち着けてから家に帰りました。

「あら、おかえりなさい。今日は早いのね。急いでご飯作るから、待っててね」

義母は、何ごともなかったようにエプロンをかけて台所に立っていました。

「今日はね、同僚の女性にお茶に誘われて、少し遅くなっちゃったの」

何も聞いていないのに、僕のほうを振り向かずにそんな言いわけをしました。いまなら男を作っても浮気にはならないし、だいいち、亭主でもない僕に隠す必要なんてないだろうと思いながら、その後ろ姿を見ていたら、なんだかいつもの義母とは違った人に見えてきました。

あらためてじっくり見てみると、父のことで一時やせていた体は、ふっくらと張りを取り戻していて、以前にも増してムチムチしていました。

ぴっちり体に張りつくようなスカートをはいているせいで、肉づきのよい腰回りやお尻のラインが、浮かび上がって見えました。

料理をしながら体を動かすたびに、柔らかそうな贅肉が服に食い込んでよじれ、まるで男を誘っているように見えました。

十五年もいっしょに暮らしてきましたが、そういう目で見ないように、無意識のうちに心がけていたのかもしれません。

見知らぬ男の存在を意識したとたん、とてもいやらしい体つきに見えてきたのです。

父の存在によって保たれていたバランスが、少しずつ崩れはじめていきました。

その後も、たびたび遅く帰ってくるようになった義母は、いじっていたスマホをあわてて隠したりするようになり、男が出来たのはあきらかでした。僕に内緒にするのは、やはり一周忌が過ぎたばかりで、バツが悪いのかもしれないなと解釈していたのです。

それから何度か、近くまで車で送ってもらう義母の姿を目撃したのですが、ある日の夜、いつもとは違う車から降りてきた義母の姿を見つけてしまい、ハッとしました。遠目からでも、何度か見た人物とは違う男だとわかりました。

別れの挨拶なのか、車から降りてきた男は義母を抱き締め、周囲に目配せしてからキスをしていました。相手は父と同じくらいの、白髪の初老男性でした。

忌々《いまいま》しい思いで、その光景を見つめていました。父が愛情を注いでいた大切なものが汚されていくような、それ以上に、自分の理想の母親像と女性像を、ぶち壊されたような気がしたのです。

誰かとつきあうことは我慢できましたが、複数の男と同時につきあうことが許せませんでした。僕の知っている義母はそんな女じゃない、そう思いたかったのです。

そのときはまさか、義母に三人目の男がいるなんて思いも寄りませんでした。

義母の行動は日増しに大胆になっていき、あの日は、深夜になっても帰ってきませんでした。

夕方過ぎに「飲み会に誘われちゃった」というSNSのメッセージが来たきりで、その後、返信しても既読にすらなりませんでした。そんなことは初めてでした。

いったい今日は、どっちの男なんだ？　外泊するつもりなのか？　など、いろいろなことが頭をめぐりました。何も知らない妹には、よけいな心配をさせてはいけないと思い「二次会かもな」と言って、二人で食事をすませました。

そのあと、妹は寝てしまいましたが、僕はモヤモヤした気分のまま、起きて待つことにしました。

深夜二時を回ったころ、家の前で車が停まる音がしました。二階の部屋の窓からそっとのぞき見ると、男にもたれかかるようにして義母が降りてきたのですが、それはまた、それまで見た二人とは別の男で、髪を金色に染めたチャラい若造でした。

男は門の前で義母に何か語りかけてから、再びタクシーに乗って去っていきました。

一階のリビングに下りていくと、そーっと玄関の鍵を閉めて義母が入ってきました。僕の姿を見て、一瞬驚いた表情を浮かべました。

「あら、起きてたの？　ご飯は食べた？　みんな盛り上がっていたから帰りにくくて」

ごまかすようにそう言いましたが、酒の匂いは少しもしませんでした。

義母はそのまま、一階奥の寝室へ入っていきました。いまは一人で使っていますが、以前は夫婦の寝室でした。

その後を追っていきました。その部屋には、よほどの用事がない限り、入ったことはありませんでした。僕と妹の部屋は二階に割り当てられていて、子ども心に、むやみやたらに入ってはいけないというのを感じていたのです。

部屋に入ると、義母はベッドの脇で、服を着替えようとしていたところでした。僕が後ろに立っているのに気づくと、ボタンをはずしたブラウスの胸元を、あわてて両手でおおいました。

ダブルベッドの横の本棚には、父の写真が飾られていました。

よくも、いろんな男と遊んでこの部屋に戻れるものだと腹が立ちました。

「遅くなるなら、連絡をくれないと心配するじゃないか。で、今日はどの男と？」

つい、意地悪な聞き方をしてしまいました。

観念したのか、義母は無言で、うつむいてしまいました。

「男あさりは楽しいか？　内心、親父がいなくなって、喜んでいるんじゃないか？」

その言葉に反応した義母が、いまにも泣きだしそうな顔で見つめ返してきました。

「ひどいわ。むしろ、あの人を忘れられないから、代わりを探しているのよ……」

僕の言葉にショックを受けたらしく、開いた胸元を隠すのも忘れている様子でした。

レースのブラジャーに包まれた、生白い乳房が見えていました。

妹が生まれてから、母乳をあげていたようですが、僕もその場を避けていたし、義母も僕の前では与えないようにしていました。だから見るのは初めてだったのです。お腹や下半身には、年齢なりのたるみがありましたが、乳房はまだ十分にみずみずしく、こんもりと盛り上がっていました。

それを見ていたら、義母が寡婦《かふ》として生きていくにはあまりにも若く、そうかといって、再婚するなら少々急がねばならない、微妙な年齢に達していることに思い至ったのです。

「僕が邪魔なのかもしれないね。わかった、僕が出ていけばいいんだね……」

そう言うと、義母はいきなりしがみついてきました。

「いや！　そんなこと言わないで。ごめんなさい、さびしかったの。本当はね……」

弾力のある乳房が、僕の胸でつぶれるほどきつく抱きついたまま、小声でつぶやきました。

「あなたに、お父さんの代わりになってほしいの……ほかの男なんてどうでもいい」

腕の中の義母の体は、指先が沈むほど柔らかく、熱くほてっていました。親子として暮らしてはきましたが、その体にふれるのは初めてでした。

抱きとめているのは僕なのに、逆に深く包み込まれているような、心地いい感触を覚えました。

けれどそれは、母の温もりというのとは違い、性欲をそそる女の温もりでした。

「ああっ、でも、やっぱりいけないわよね。あなたは、息子だもの……」

無意識のうちに、抱きとめた手で、義母の体をなで回していました。見た目以上にふくよかな、丸みを帯びた曲線をなでているだけで、ムラムラしてきました。

少し前まで、あの若造と絡み合っていたのかと思うと、激しい嫉妬《しっと》が込み上げてきました。義母に男が出来てから、毎日モヤモヤしていた正体が嫉妬であったことを、初めて自分で認めたのです。

見知らぬ誰かに盗られるくらいなら、いっそ僕が……そんなことを考えたとたん、股間がむくっと力んできました。

股間のふくらみがバレないように、腰を引きましたが、それを追うように義母が腰をこすりつけてきました。

「あ！　硬くなってる。アァン……この硬いやつに弱いのよ。欲しくなっちゃうの」

勃起していることを確認した義母は、物欲しそうに僕の顔をじっと見つめてから、床に崩れ落ちていきました。僕の足元にひざまずき、下半身に抱きついてきたのです。義母の顔が、硬くなったモノに当たりました。

股間に頬ずりしてくる義母を見おろすと、化粧はほとんど剝がれ落ちていましたが、頬は、熱があるときのようにピンク色に染まっていました。

「ほかの男にも、こんなふうにねだっているの？」

そう言うと、掠《かす》れるようなか細い声で答えました。

「これがないと、ダメなの……お父さんに教え込まれた体が、疼くの」

股間をなで回されながら、そんなことを言われて、さらに下半身が力みました。

「じゃあ……僕が親父の代わりになれば、男遊びもやめるんだね？」

たずねると、義母は僕の顔を見上げて静かにうなずきました。

義母の手が、勃起した部分にかかり、ジッパーをおろされていました。義母は熱い吐息をこぼしながら、黙々と硬くなっているモノを引っ張り出して握り締め、半開きにした唇を寄せてきたのです。

亀頭の先端が、温かい口の中に吸い込まれていきました。

「ちょ、ちょっと待って、だめだよ。お義母《かあ》さんが、そんなことするなんて……」

一瞬気持ちよさを覚えたものの、相手は長年、理想の女性だと崇《あが》めていた人なので、たじろいでしまったのです。

義母は、「しっ！」と指先を口に当て、二階で寝る妹の存在を気にしました。これまでずっと、僕の存在も同じように気にしてくれていたのでしょう。思春期に、おかしな声を聞かされていたら、義母と普通に接することは難しかったかもしれません。

「これが妻の務めだって教わってきたの。お願い、お父さんと同じようにやらせて」

いつも、父の一歩後ろに隠れていて、ほとんど自己主張をしなかった人だけに、それに対する並々ならぬ執着《しゅうちゃく》を感じました。

再び股間のモノを握り締めた義母に、今度は喉に突きあたるほど、深く深く呑み込まれていました。

義母は、ズズズッと唾液をすすりながら、形のよい眉をゆがませていました。

食事のときですら、わずかしか開けないその唇を、めいっぱい広げて、しゃぶりついてきました。柔らかな唇に吸いつかれると、ゾクゾクするような気持ちよさに襲われて、膝の力が抜けていきました。

口の中で温まっていた唾液と、よく動く舌が、亀頭や裏筋にヌルヌルと絡みついてきました。フェラチオが、よほど好きでないと、そんな舐め方はしないだろうというような激しさでした。

見おろした義母の顔には、満足しているような笑みが浮かんでいました。初めて見るその凄艶な表情に、下半身がどんどん昂《たかぶ》っていきました。

放っておいたら、何時間でもそうして舐めつづけていそうな雰囲気でした。考えてみたら、父は再婚したときすでに五十を過ぎていたのですから、それくらいじっくり愛撫されないと、行為自体が難しくなっていたのかもしれません。

あまりの気持ちよさに、危うくイってしまいそうになり、急いで腰を引きました。

込み上げてきた衝動に突き動かされるまま、義母の手を取り、ベッドに押し倒していました。

ひょっとしたら父は、自分よりも若くて美しい妻が多淫であることを知っていて、専業主婦をさせていたのかもしれません。

今度は僕が、父に代わって義母を浮世の男たちから守らねばならない、そんな思いがわいてきました。僕が満足させれば、外に出たがらなくなるはずだし、また僕の理想の女性に戻ってくれるはずだと思いました。

胸が大きくはだけたまま、あおむけに寝た義母の上に馬乗りになっていました。

「ほんとうに、親父の代わりをするよ。いいんだね？」

聞きながら、ブラウスやブラジャーをはぎ取っていました。

「あん、あなたも脱いで。肌と肌をこすったほうが気持ちいいもの……」

お互いに裸になって、重なり合いました。

すると、義母の白い肌に、無数の赤い斑点があることに気づいたのです。首筋にも、乳房にも、脇腹にも。よく見ると、キスマークでした。

まさかと思ってスカートも脱がせてみると、柔らかな太ももの内側にも、まるで桜の花びらを散りばめたかのように、たくさんついていました。

「なんだよ、これ！　今日の男がつけたのか？　あの若いやつが……」

義母は恥ずかしがって身をすくめながら、まんざらでもなさそうに答えました。

「ほかにも男がいるんだろうって、焼きもちを焼かれて。若いから甘えん坊なのよ」

いかにも熟女が喜びそうなセリフです。本気で義母を思うなら、そんなことはできないはずです。結婚する気もないくせに、未亡人であるのをいいことに、好き放題に義母の体で遊んだのでしょう。

母親に甘えた記憶がない僕にとって、乳房は母を象徴するあこがれの聖域だったのです。それを、よりによって、若い男に痣《あざ》だらけにされたのだからたまったものじゃありません。義母に対して持ちつづけていた遠慮や理性が、一気に吹き飛んでいました。

赤い斑点が集中している乳房を、握りつぶす勢いでもみました。見知らぬ男の痕跡を、根こそぎ削り取ってやりたい気分でした。

「はぁっ、あっ！　あっはぁん！　いやん、気持ちよすぎて、声が出ちゃう……」

義母は自分の指を唇に挟み、喘ぎ声を抑えていました。

そんなことには構わず、わしづかみにした乳房を、夢中で舐め回していました。きれいなお椀型の乳房は、僕の手の中でグニャッとつぶれていましたが、強くもめばもむほど乳首が硬くすぼまりました。

「息子の僕でさえ吸ったことがないっていうのに！　二度とあんな奴に渡さない！」

とがった乳首を、思いきり強く吸いました。吸って、吸って、吸いまくっていました。

「はっ、はうっん！　ごめんね、そうよね、もうほかの子にあげないわ、アアッ！」

義母は、母親らしく僕をなだめながら、喘ぎ声を荒くしていました。

よほど敏感らしく、ベッドがきしむほど体を揺すって、太ももを僕の股間に押しつけてきました。勃起したモノが、その柔らかな太ももに食い込むと、そこはすでに、ヌルヌルとした湿地帯になっていました。

乳首を吸いながら下半身に手をもぐり込ませると、まだ脱がせていないパンティの布地から愛液がたっぷりにじみ出していました。それが太ももにも伝い落ちて、僕の股間をすべらせていました。

「一戦交えて帰ってきたくせに、もうこんなに濡れてる！　それとも、あいつの残りカスか？」

体を下に移動させ、義母のびしょ濡れのパンティを脱がせました。

「僕が、きれいに舐めとってやる！　お義母さんのココを清めてあげるよ！」

太ももをがっちりつかんで大きく広げると、赤い洞窟が丸見えになりました。

「あは、はん！　恥ずかしいわ、電気がついているから、あんまり見ないでね……」

黒々と生えた陰毛をかき分けると、ざっくり割れた亀裂から、半透明の液体が噴き出していました。陰毛の生え際にまで、忌々しい赤い斑点が残されていました。

ためらうことなくそこに吸いつき、ふくらんだクリトリスごと舐め回しました。

「い、いやぁ、おかしくなっちゃう、いいっ！　はっ、はひぃ！　い、入れてぇ！」

義母は腰を振りながら、押し殺したうめき声で求めてきました。僕の股間も、ぎりぎりまで膨張していて限界でした。

照準を合わせ、一気に奥まで貫きました。口の中より、さらに熱く沸騰した液体が僕のモノにまとわりついてきて、すぐにピークを迎えていました。

「これからは、お義母さんの中を、いつも僕の精液で満たしてあげるからね！」

昂ったまま、義母の中に放出しました。乱れた義母は、僕の顔を見ながら、父の名を呼んで、達していました。父の代わりを探していたというのは嘘ではないようです。

それならば、僕と結ばれるのが必然だろうと思えました。現在、義母は仕事を辞めて僕の帰りを待っています。気のせいか、写真の父がホッとしているように見えます。

愛犬が起こしたハプニングを引き金にイケメン学生を誘惑する欲求不満熟女！

山崎千佳子　無職・四十歳

私の夫は、一年前に交通事故で亡くなりました。でも保険金と慰謝料を残してくれたので、当分は生活に不安はありません。

そんな私はいま、愛犬のクロと二人で暮らしています。毎日がクロ中心の生活で、朝と夕方には三十分以上も家の近所を散歩するのが日課でした。

寂しさをいやしてくれるだけではなく、家に引きこもって運動不足になることも防いでくれるんです。ほんとう、にクロがいてくれてよかったと思ったものです。

それだけではなく、クロは私に新しい出会いも与えてくれたんです。クロを夕方に散歩させていると、しょっちゅうすれ違う若い男性がいたんです。

あまりにも頻繁に会うので、徐々に挨拶を交わすようになり、ときどきは立ち止まって話をするようになりました。

そのときに教えてもらったことによると、彼の名前は高山秀幸《たかやまひでゆき》君。大学生で、学校帰りにバイトに向かう途中だということです。

バイトはカフェの店員をしているそうなんです。彼は清潔感がある爽やかイケメンなので、そういうバイトはぴったりだなと思いました。

「じゃあ、バイトがんばってね！」

そう言って別れたのですが、その日はベッドに入る瞬間まで、ずっと幸せな気分でした。それはきっと、恋だと思いました。

相手は私のちょうど半分の年齢です。私には子どもはいませんでしたが、彼が息子でもおかしくない年の差なんですから、そんな感情になるなんてバカバカしいと思いながらも、女としての本能だけはどうしようもありませんでした。

それからも道で会うたびに、挨拶したり立ち止まって少しお話したり、そんな日々が続きました。

私は、彼に会うのが楽しみでたまりませんでした。会えなかった日などは、何度もその道を行ったり来たりしてしまうほどでした。

そんなとき、クロはときどき不思議そうに私の顔を見ながらも、散歩の時間が長くなるのはうれしいらしく、尻尾を振りながらつきあってくれるのでした。

そしてある日、いつものように秀幸君と道端で「いい天気ね」「ほんと、いい天気ですね」なんて、どうでもいい会話をしていると、クロがいきなり秀幸君の足にオシッコをかけっちゃったんです。

「うわっ……ダメだよ、クロ～」

秀幸君はとっさに飛びのいて、クロを優しく叱りました。そんな彼のズボンの膝下あたりは、もうビショビショになっていました。

「ごめんなさい！」

私はあわててハンカチを取り出し、彼の足元にしゃがみ込んでズボンをふきましたが、そんなことできれいになるわけがありません。それに、やはりオシッコの匂いがするんです。

「大丈夫です、気にしないでください！　そろそろバイトに行かなきゃいけないんで、これで失礼しますね」

「待って！」

立ち去ろうとする彼を、私は大きな声で呼び止めて言いました。

「カフェの店員のズボンがオシッコくさかったら、お店のイメージダウンになって迷惑をかけちゃうわ……」

「確かにそうですね。でも、どうしたらいいんだろう……」

困っている秀幸君に、私は提案しました。

「私の家に寄っていって。洗濯するわ。乾燥機もあるから、すぐに乾くわ。だからバイト先には、一時間ぐらい遅刻するって連絡したらどうかしら？」

「そうですね。店が忙しいのはもっと遅い時間だから、連絡しておけば大丈夫かも」

そしてバイト先に遅刻すると連絡を済ませた彼を、私は家に連れ帰ったんです。

「代わりに、これをはいておいて」

秀幸君にズボンを脱いでもらい、代わりに夫のズボンを出してあげました。

そして、洗濯機にズボンを放り込んで戻ると、彼は夫のズボンをはいて、鏡の前でポーズを取ってるんです。

「これ、サイズがぴったりです。でも、勝手にはいたら、ご主人に悪いですね……」

笑みを浮かべながらそう言う秀幸君に、私はさらっと答えました。

「もう、亡くなったの。だから、平気よ……」

「ごめんなさい、ぼく、知らなくて……」

彼には、自分が未亡人であることは話していなかったんです。

「いいのよ、気にしないで。亡くなってから、もうそろそろ一年になるから、悲しみは、すっかりいえちゃったわ。だけど、夫と体のサイズが同じなのね……」

私がしみじみと言うと、秀幸君は顔を伏せたまま、ぽつりとつぶやくんです。

「ほかの部分のサイズも、同じか気になりませんか？」

「え？　ほかの部分のサイズって……？」

私が問いかけると、彼は顔を上げてじっと私の目を見つめました。

「ぼく、千佳子《ちかこ》さんが好きなんです！　旦那さんがいると思ってあきらめてたけど、未亡人ってことは独身ですよね？」

「そうね。もう夫はいないから、独身ね……」

「じゃあ、ぼくの気持ちを受け止めてもらえませんか？」

秀幸君は、はいたばかりのズボンを、下着といっしょに脱ぎ捨てました。私は思わず息を呑みました。その股間には、赤黒いペニスが隆々とそそり立っているんです。

「千佳子さんと二人っきりだと思うと興奮しちゃって、もうさっきから、こんなになっちゃってたんです……」

「秀幸君が、私のことをそんなふうに思ってくれてたなんて……」

私は、秀幸君のことを思いながらオナニーをすることもあったぐらいです。こんなに逞しいモノを見せられて、彼の誘いを断れるわけがありません。

でも、相手は二十歳の大学生です。四十歳になる私のことを好きだと言われても、簡単には信じられません。

「本気なの？　私なんか、もうオバサンよ」

「オバサンなんかじゃありません！　それにぼくは同年代のチャラチャラした女より、年上の落ち着いた女性のほうが好きなんです。千佳子さんを抱きたくてたまらないんです。ほら、これを見てくださいよ！」

そう言って秀幸君が自分の股間に視線を向けました。そして、まるで私を挑発するように、ペニスをビクンビクンと動かしてみせるんです。

「はあぁぁぁ……」

私の口からは、切なげな声が長く洩れてしまいました。夫が亡くなる以前から、もう何年もセックスレスだったので、こんなふうに勃起したペニスをじっくりと見るのは、ほんとうに久しぶりのことでした。

それに、ズボンのサイズは同じでも、ペニスのサイズは秀幸君のほうがずっと大きいんです。おまけに若い性欲ではち切れそうになっている様子を見せつけられて、下着の奥が一気に湿り気を帯びていきました。

「うれしいわ……私も、秀幸君のことが好きよ。毎日、クロの散歩のときに会えるのを楽しみにしてたの……」

私はその場にひざまずき、彼のペニスに手を伸ばしました。指先がふれると、ペニスは活きのいい魚のようにビクンと跳ねて、私の手から逃げるんです。それをとっさに追いかけるようにして、握り締めました。

「ううう……千佳子さんの手、温かくて気持ちいいです！」

秀幸君は仁王立ちしたまま、股間を突き出しつづけています。私の手のひらの中では、熱い肉の棒がピクピクと細かく痙攣しているんです。

私のことを思いながらこんなになってくれているんだと思うと、愛おしくてたまりません。

彼をもっと気持ちよくしてあげたいという思いから、握り締めた手を上下に動かしはじめました。

「ああうっ……千佳子さん……んんん……」

身悶《みもだ》えしながらも、もっとしてほしいといったふうに、彼は股間を突き出しつづけます。

「はあああん……すごく硬いわ。あああん……」

私は大切なモノを包み込むように両手でペニスをつかみ、その手を上下に動かしつづけました。すると、先端から透明な液体がにじみ出てきました。

「何か出てきたわ」

「それは……千佳子さんの手が気持ちいいから」

「ほら、もうこんなに溜まってきちゃった」

ペニスに顔を近づけ、先っぽに溜まっている液体をぺろりと舐めました。

「はあっ……ううう……」

秀幸君が奇妙な声を出し、私の手の中でペニスがビクンと激しく痙攣しました。

「そんなに気持ちいいの？」

ペニスに唇を軽くふれさせたまま、上目づかいに秀幸君を見上げました。その行為が、若い男を興奮させるだろうと思ってのことです。狙いどおり、彼はペニスをピクピクふるわせながらうなずきました。

「気持ちいいです……ああ、千佳子さんの舌、すごく気持ちいいです！」

「そうなんだ……それなら、もっと気持ちよくしてあげるわね」

ペニスの根元から先端にかけて舌を這わせるように舐め、さらにはカリ首を舌先でくすぐってあげました。

「ああっ……す……すごい……あああ、千佳子さん……なんてエッチな舐め方をするんですか。ぼ……ぼく……気持ちよすぎて……」

秀幸君はフェラチオを邪魔しないように、両手を体の後ろに回して、股間を突き出しつづけています。

その様子からは、もっと舐めてほしいという願いが伝わってくるんです。だから私は、先端をペロペロと舐め回してから、亀頭をパクッと口に含んであげました。

「ううう……気持ちいいです。ああ、ううう……」

彼はまた苦しげにうめきました。でも、ほんとうに気持ちよくなるのはこれからです。温かい口の中の粘膜でねっとりと締めつけながら、首を前後に動かしはじめました。

「すごい……なんておいしそうにしゃぶるんだろう。エロすぎです！」

彼は私を見おろしながら、そんなことを言うんです。

彼のペニスはすごくおいしくて、大量の唾液がわき出てくるんです。その唾液が唇の端から溢れ出て、顎を伝ってポタポタと滴《したた》り落ちてしまうほどでした。

それと同時に、下着の奥にも愛液が溢れ出てきてて、もうヌルヌルになっているのが、手をふれないでもはっきりとわかるんです。

あそこをさわりたい。でも、そこまではしたないことはできない。そんな葛藤《かっとう》が、ペニスをしゃぶる勢いをさらに激しくさせていくんです。

「ち……千佳子さん、ダメです……そんなに激しくしたら……もう、ぼく……」

秀幸君は、眉間に深い皺を刻みながら言いました。だけど、もう途中でやめることなんてできないんです。

「いいわよ、口の中に出して！　飲んであげるわ……」

いったんペニスを口から出してそう言うと、またパクッと口に含み、唾液をジュパジュパと鳴らしながら、首を前後に動かしはじめました。

「口の中に!?　ううう……千佳子さん……」

口の中に出すということを想像したのでしょう。その卑猥さに、彼はあっさりと限界を超えてしまいました。

「だ、ダメです。千佳子さん……も……もう出る！」

きっと、口の中でペニスがビクンと激しく暴れ、喉の奥めがけて、生ぐさい精液が勢いよく噴き出しました。

「はうっ……ぐぐぐっ……」

むせ返りそうになるのを必死に堪《こら》え、射精が収まるのを待ちました。その間も秀幸君のペニスは、ビクンビクンと脈動を繰り返しながら、大量の精液を放ちつづけました。

「はあぁぁ……千佳子さん……すごく気持ちよかったです」

ようやく射精が収まると、満足げにそう言って、ペニスを私の口から引き抜きました。そして約束どおり、彼の精液を一滴残らず飲み干してあげたんです。

「ああ……感動です。まさか千佳子さんが、ぼくの精液を飲んでくれるなんて」

「すごく濃厚だったわ。それに、なんだかお腹の中がポカポカしてきちゃった」

私は、自分の胸からお腹のあたりをさすりながら言いました。だけど、大量に射精して満足したのか、彼のペニスは芯を抜かれたように頭を垂れていきました。

「もう、今日はダメかもね……」

私の言葉を打ち消すように、彼は自信たっぷりに言うんです。

「大丈夫です。千佳子さんが相手なんですから、すぐにまた硬くなります。でもその前に、今度はぼくが、千佳子さんを気持ちよくしてあげますよ。一緒にベッドに行きませんか?」

秀幸君に促されて、寝室へ向かいました。六畳ほどの部屋の端と端に、シングルベッドが二つ置いてあるんです。

同じベッドで寝たら熟睡できないという夫の意見を聞いて、別々のベッドで眠っていたのです。私は自分のベッドに座り、彼に向かって両腕をひろげました。

「さあ、来て……」

「千佳子さん！」

彼は私に飛びかかるような勢いで抱きついてきました。そして唇を重ね、口の中を舐め回し、舌を絡めてピチャピチャと唾液を鳴らすんです。

「ああん、暑くなってきちゃった……」

全身に汗がにじみ出てきた私は、自らブラウスとスカートを脱ぎ、ブラジャーをはずして、パンティ一枚だけという姿になりました。

Dカップの乳房がぷるるんと揺れると、彼はそれを食い入るように見つめるんです。

「はあぁ……千佳子さんのオッパイ、すごくきれいです！」

溜め息を洩らしながらそう言うと、勢いよく乳房に食らいついてきました。

そして左右の乳首を交互にペロペロ舐めたり、赤ん坊のように吸ったり、前歯で軽く甘噛みしたりするんです。

「あああん、気持ちいいわぁ……でも……」

秀幸君がいつまでも乳房を責めているので、だんだん下腹部のほうが、もどかしい気分になってきました。だけど彼は、私をじらしていただけのようでした。

「そろそろ、あっちのほうも、舐めてほしくなってきたんじゃないですか？」

そう言いながら、乳首から鳩尾《みぞおち》、お臍へとキスを移動させていくのでした。

どうやら、女性経験はけっこう豊富なようです。確かに彼は爽やかイケメンなので、モテるのは当然です。そして、キスはお臍の下まで到着しました。

「こんなもの、脱がしちゃいましょうね……」

パンティに手をかけ、引っぱりおろそうとします。

「ダメよ、恥ずかしいわ。はあぁぁん……」

言葉では抵抗しながらも、私はお尻を上げて協力していました。パンティはお尻の下をするんと滑り抜け、そのまま足首まで引っぱりおろされてしまいました。

両足首からパンティを引き抜くと、もうそんなものには興味ないとばかりに床の上に放り投げ、彼は体を起こして私の体を見おろすんです。

「想像以上にエッチな体つきですね……ああ、たまらないです！」

それが本心だということは、股間にそそり立つペニスの力強さからわかりました。

そして、彼は私の両膝の裏に手を添えて、グイッと押しつけてきました。

「ああぁん、いやよ、この格好、恥ずかしいわ。はあぁぁ……」

私は、オムツを替えてもらう赤ん坊のような格好にされてしまいました。何も身につけていない陰部が、目の前に晒されているんです。小陰唇が勝手に左右に開いていき、その奥に荒くなった彼の鼻息が感じられました。

「うう……千佳子さんのあそこ、愛液にまみれてキラキラ光ってて、すごくきれいですよ。ああ、たまらないです！」

そう言うと、私の陰部に食らいついてきて、さっき上の口にしたのと同じように、今度は下の口にディープキスをするのでした。

ピチャピチャと音を響かせながら陰部を舐め回し、膣の中に舌をねじ込んできました。

「ああっ、いや、それ、変な感じだわ……あっはあぁぁん、気持ちいい！」

私は大きく股を開いたまま体をのたうたせ、淫らな声を張り上げました。その反応に気をよくした彼が、今度はズズズと音を立てて膣口から直接愛液を啜《すす》るんです。まるで内臓まで吸い出されそうなその感覚は、生まれて初めて経験するものでした。

「ああぁん……い、いやぁぁん！　啜っちゃダメぇ……はあぁぁん！」

秀幸君の髪をくしゃくしゃにしながら、絶叫しました。

「じゃあ、こっちを責めてほしいんですね？」

そう言うと彼は、クリトリスを口に含み、さっき乳首にしたのと同じように、舌先で転がすように舐めたり、吸ったり、前歯で軽く甘噛みしてみせるのでした。

乳首にされても気持ちよかったその愛撫ですが、クリトリスにされると、その何倍もの強烈な快感が襲いかかりました。

「あぁんんっ……もうダメぇ！　はあああああっ……いい……イキそう……もうイキそうよ……はっあああん！」

その瞬間、エクスタシーへ昇りつめ、いやらしい声で絶叫してしまったのでした。

「千佳子さんは敏感なんですね。すごい声を出すから、びっくりしちゃいましたよ」

口の周りを唾液と愛液まみれにしたまま、秀幸君はあきれたように言いました。

「だって……秀幸君の舐め方、すごく上手なんだもの」

「じゃあ、次はこれで気持ちよくしてあげますよ」

そう言って、彼は自分の股間に視線を向けました。さっき大量に射精したばかりなのに、ペニスはまた怖くなるぐらいの力をみなぎらせているんです。

「あぁん、すごく元気だわ……ちょうだい、それを早くちょうだい！」

「いいですよ。ぼくも、入れたくてたまらないんです。さあ、ぼくのために、大きく股を開いてください！」

「はあぁん……これでどう？」

私はもう恥ずかしがる余裕もなく、秀幸君のために大きく股を開いてあげました。

「ああ、すごい……あそこの穴が催促するみたいにヒクヒクしてるじゃないですか。

なんていやらしい眺めなんだろう。これを入れて、気持ちよくしてあげますからね」

彼はそり返るペニスを右手でつかみ、先端を私のあそこに当てると、そのまま体を押しつけてきました。

「うう……千佳子さんのあそこ……すごく狭いですよ。ああぁ、気持ちいい！」

「あぁぁぁ……入ってくるぅ……奥まで、入ってくるぅ！」

メリメリと膣壁を押し広げながら、巨大なペニスが奥まで入ってきました。すると、今度はゆっくりと引き抜かれていき、完全に抜けきる手前で止まり、また奥まで滑り込んでくるのでした。

その動きが、徐々に激しくなっていきます。

「はああっ、いい……気持ちいい……もっとぉ……もっとしてぇ！　はああん！」

「ううっ……すごい……気持ちいいです！　ああぁ、たまらないです！」

秀幸君の体と私の体がぶつかり合って、パンパンパンと大きな音がリズミカルに寝室の中に響きつづけました。

「入ってるところを見せてくださいね。ああっ……すごい……ぼくのペニスが、もう真っ白になっちゃってますよ。あああ、なんてエロいんだろう……」

体を起こして二人のつながり合ったところを見おろしながら、彼はさらに腰の動きを速めていきました。恥ずかしい場所を見られていると思うと、肉体に受ける快感がさらに増してしまいます。

「ああっ、ダメ、見ないで！　はあああん、恥ずかしいぃ……でも……でも、気持ちいいぃ……はああんっ……あああんっ！」

「千佳子さんのクリトリスが、すごく大きくなってますよ。ほら、こんなに！」

彼はペニスを抜き指ししながら、私のクリトリスを指先でこね回しはじめました。中と外に同時に強烈な快感を与えられ、私はあっさりと限界を超えてしまいました。

「あっ、ダメ、イク……もうイクイクイク……はあん、イクぅ！」

全身の筋肉が硬直し、同時に膣壁もきつく収縮したのでしょう。彼が悲鳴のような声をあげました。

「す、すごく締まる……あああ！　もう……限界だ。で、出る！　ううう！」

彼はジュボッという音をさせながらペニスを引き抜くと、私のお臍から胸にかけて、熱い体液を大量に放出したのでした。

ティッシュで私の体をきれいにふいてくれてから、添い寝をするように横になりました。

そして、彼は私の髪をなでながらたずねるんです。

「亡くなったご主人とぼく……どっちのエッチのほうが、よかったですか？」

「秀幸君のエッチはすごく気持ちよかったけど、夫とは比べられないわ。過ごした時間の長さが違うもの……」

「じゃあ……これから毎日通います。いいですよね？」

「もちろん、大歓迎よ」

私は、そう即答していました。

秀幸君が帰ったあと、このきっかけを作ってくれたクロに、最高級のドッグフードをお腹いっぱい食べさせてあげたのは、言うまでもありません。

子連れのシングル美女が感謝のしるしに豊満な恥体を曝け出し淫らなご奉仕……

増田宗一郎　会社員・四十九歳

あれはもう、三十年近く昔の話です。

私がまだ大学生だったころ、住んでいたアパートの向かいの部屋に、シングルマザーの親子がいました。

母親は三十代の半ばほどで、息子が小学校の低学年でした。母親はいつも帰りが遅く、学校から帰ってきた息子は一人で留守番をしていたようです。

私たちは親しいつきあいもなく、たまに挨拶を交わす程度です。そもそも生活の時間帯が違うので、あまり顔を合わせることもありませんでした。

しかしある出来事をきっかけに、私と親子は急接近していきました。

ある日、私が夕方にアパートに帰宅すると、向かいの部屋の前で、息子がぽつんと立ち尽くしていたのです。

どうも困り果てた様子だったので、私はその子に声をかけました。

「ぼく、どうしたの？　部屋に入らないの？」

すると、すがるように私に訴えてきたのです。

「鍵をなくしちゃって……お母さんが帰ってくるまで、待ってなきゃいけないから」

涙目になっている姿を見て、私はすぐに事情を察しました。

部屋の鍵をなくしてしまったものの、母親はすぐに帰ってくることはできません。夜遅くに帰ってくるまで、ずっと外で待っているつもりだったようです。

かわいそうに思った私は、その子を自分の部屋に入れてやりました。

母親が帰ってくるまで、ここで待っていてもいいと言うと、とても喜んでいました。

このとき初めて、私は親子の名前を知りました。その子は裕斗《ゆうと》くんで、母親は夏美《なつみ》さん。父親は幼いころに離婚したので、顔も覚えていないそうです。

きっと母子家庭で育ってきて、幼いなりに母親の苦労もわかっていたのでしょう。母親に迷惑をかけたくないと思い、困ったことがあっても我慢をしてきたようです。

私は少しでもその子の気持ちをほぐしてやろうと、いっしょに夕食を食べ、テレビゲームで遊んでやりました。

ようやく母親が向かいの部屋に帰ってきたのは、夜の九時過ぎでした。

それまでに、私たちはすっかり仲よくなっていました。事情を説明すると、夏美さんはとても驚いた顔になり、深々と頭を下げて何度もお礼を言いました。

次の日から、裕斗くんが部屋に遊びにくるようになりました。

私のことをいっしょに遊んでくれる優しいお兄ちゃんだと思ってくれたようです。私も年の離れた弟のように思って、かわいがってあげました。

そうして裕斗くんとの仲が深まると、自然と夏美さんとの関係も近くなっていきました。息子とよく遊んでくれるお礼にと、帰りが早くなった日は、私も夕食に招待されるようになったのです。

三人で囲む夕食は、まるで家族の一員になったかのような温かさでした。

「遠慮しないでいっぱい食べてね！　いつもこの子と遊んでくれて、ほんとうに助かってるから」

ご馳走になるたびに、夏美さんはそう言ってくれました。すっかりなついている裕斗くんを見て、私のことを信頼しきっていたようです。

私もここに居心地のよさを感じていましたが、一つだけ困ったことがありました。

それは彼女がとても魅力的な女性だったことです。

私よりもずっと年上ですが、きれいでスタイルも抜群でした。特に胸の大きさは、服を着ていても目立つほどです。

向かい合って食事をしていても、つい胸元をチラチラ見てしまい、裕斗くんに気づかれやしないかと、勝手に不安になっていました。

夏美さんは裕斗くんの前だと、常に優しい母親の顔です。彼女に淫らな気持ちを抱いてしまうことに、私は罪悪感を感じていました。

そんなある日のことです。深夜の十二時過ぎにテレビを見ていると、ドアをノックして誰かが訪ねてきました。

「ごめんなさい、こんな時間に。まだ起きてた？」

ドアの前に立っていたのは、夏美さんでした。こんな夜遅くに、しかも一人で訪ねてくるなんて初めてのことです。

私は彼女を部屋に上げましたが、いつもとは雰囲気が違うことに、すぐに気づきました。

彼女はにうっすらと化粧をして、湯上りのいい匂いがしました。服装もこれまでになくラフな格好で、短めのスカートに胸元も露《あらわ》なシャツ一枚です。

「あの……どうしたんでしょうか？」

「一度ちゃんとしたお礼をしなきゃと思って……あの子はもう寝ちゃったから、こっそり抜け出してきたの」

そう言われても、そのときの私はどうしてわざわざ夜中に一人で来たのか、まったく理解できていませんでした。

するとおもむろに、夏美さんは着ていたシャツを脱ぎはじめたのです。

私が驚いたのは、言うまでもありません。彼女が裸になってゆくのを、あっけに取られながら見ているだけでした。

シャツとスカートも脱いで下着姿になると、さすがに私もあわてて止めようとしました。

なにしろ当時の私は、女性の体にふれたことすらない童貞です。女性から迫られた経験などあるはずもなく、うろたえるばかりでした。

「あなたが私の体をこっそり見てたの、ほんとうは前から知ってたの……」

その言葉にドキッとしていると、彼女はすぐ目の前まで迫ってきて言いました。

「これは私からのお礼だと思って、遠慮なく受け取ってちょうだい……」

そう言うと、ブラジャーをはずし、豊かな胸をさらけ出しました。

目に飛び込んできた彼女の裸に、思わず生唾を呑み込んでしまいました。

九十センチはありそうなサイズで、乳首がぷっくりと突き立っています。胸のふくらみの形は少し垂れかけていて、お腹もやや肉が余っていましたが、それがかえって、なまなましい色気を放っていました。

「いいのよ、私の体を好きにしても」

「ほ、ほんとにいいんですか？」

まだ信じられずに聞き返すと、彼女は優しく微笑みながら、私の手を自分の胸に導いてくれました。

初めてさわる女性の胸は、とてもやわらかくて感激しました。

軽く指を動かすだけで形を変え、手の中で弾んできます。こんなすばらしい感触なのかと、夢中でもみしだきました。

両手で胸をさわっていると、彼女はこんなことまで打ち明けてくれました。

「ほんとうはね、あの子の前では隠しているけれど、夜になると体が疼いて仕方ないの。ずっと男の人に抱かれたくて、我慢できなかったの……」

それは、まちがいなく夏美さんの本音だったのでしょう。お礼はただの口実で、セックスがしたくてここへ来たのは、私にもわかりました。

私も性欲が有り余ったヤリたい盛《ざか》りの年ごろです。こんな二度とないチャンスを断れるわけがありません。

「そ、それじゃあ……」

すっかりその気になった私は、待ちきれずに夏美さんの体を押し倒そうとしました。しかし「待って」と言われ、最初に布団の準備をするよう言われました。興奮して、そんなことにも気が回らなかったのです。

すでにショーツ一枚だった彼女は、布団に寝て私が来るのを待っています。

「どうしたの？　遠慮しなくてもいいのよ……」

どういうわけか、さっきは押し倒す気まんまんだったのに、いざ本物の女性の体を前にすると、なかなか手が出せません。

怖気《おじけ》づいてしまっている私を安心させるように、彼女は優しく頭を抱き締めてくれました。

「だいじょうぶ、初めてでも落ち着いてやればちゃんとできるから。私が全部教えてあげる……」

その一言で、どうにか緊張がほぐれました。

さっきは手でさわった胸を、今度は口に含みます。彼女の腕に抱かれながら、乳首を転がしてやりました。

「んっ……」

彼女が小さく声を出したのを聞き、感じているのがわかりました。

たったそれだけで、私は一気に自信をつけました。さらに強く乳首を吸い、胸のふくらみごと舐め回しました。

手で体のあちこちをなでながら、女性の肌のやわらかさをあらためて感じました。

そうして少しずつ下半身へ手を移し、とうとうショーツへたどり着きました。

「あの……これ脱がせてもいいですか？」

いちいち聞かなくてもいいのに、つい確認してしまう私に、彼女は黙ってうなずいてくれました。

息を呑みながら、私は腰からショーツを引きずりおろしました。

真っ先に目に入ってきたのは、黒々と渦巻いたヘアです。ここに来る前に手入れをしてきたのか、きれいな形にととのっていました。

股間からは大きなビラビラがはみ出し、見たことがない形をしていました。

グロテスクにも見えるのに、あまりのいやらしさに目が離せません。私は指で股間を広げて、奥までじっくり観察させてもらいました。

そのうち穴の奥から、じんわりと液がにじみ出てくるのがわかりました。

「恥ずかしいけど、見られてると感じちゃうの……」

小さな声で打ち明けられると、我慢ができなくなりました。濡れてきた股間に顔を埋《うず》めて、むしゃぶりついたのです。

「ああっ……あっ、いやっ！」

彼女はそう声を出しましたが、いやがっていたのではありません。むしろ自分から、腰を私の顔に押し寄せてきたのです。

舌で股間の奥まで舐めると、体が細かくビクンビクンと跳ね、お尻が浮き上がっていました。

「ああっ、そんなにされたら……声がいっぱい出ちゃう！」

彼女が心配していたのは、きっと壁の薄いアパートで大声で喘いでしまうことだったのでしょう。向かいの部屋にいる裕斗くんに気づかれまいと、必死になって声を我慢しているようでした。

それでも私は夢中になって舐めつづけ、濡れた股間から離れませんでした。

だんだんと舌の使い方も覚え、彼女のどこが感じるのかもわかってきました。小さな豆粒のようだったクリトリスが大きくなってくると、そこに狙いを絞って舌を走らせました。

「んっ、そこ……気持ちいいっ！」

とうとう彼女は我慢をやめて、大声で喘ぎはじめました。

私も片手でズボンを脱ぎ、急いでパンツもおろしました。勃起したペニスが痛いほど突っ張って、どうにもならなかったのです。

すでに私の興奮も限界に達していました。パンツは脱いだものの、それだけで収まるはずがありません。

すぐ目の前にある夏美さんの股間に、早く挿入したくてたまらなくなりました。

「夏美さん、入れさせてください……お願いします！」

彼女の返事も聞かないまま、布団の上で強引に足を押さえつけ、正常位でつながろうとしていました。

このときの私は冷静さを失って、目の前のセックスのことしか頭にありませんでした。当然、避妊のことなど頭の片隅にもなく、ペニスをそのまま突き入れようとあせっていました。

彼女はそんな私を止めようともせず、横たわったまま静かに見守っています。

しかし、私がなかなか挿入できずに困っていると、横から手を伸ばして、正しい位置にペニスを導いてくれました。

「落ち着いて。あせらなくても、ゆっくりでいいから……」

その言葉で冷静になった私は、深呼吸をしてからあらためて挿入をしました。

今度はうまく穴に入り、ぬるっと奥まですべり込んでいきます。

「ううっ……」

このとき味わった快感は、これまで経験したことのないものでした。

膣の中はとても熱く、しかもたっぷり濡れています。ペニスへの締めつけ具合も、とても子どもを産んでいるようには思えませんでした。

童貞の私にはあまりに強烈で、ペニスを押し込んだだけなのに、息が止まってしまいそうでした。

ようやく腰を動かしはじめると、さらに快感が押し寄せてきます。たった三回か四回抜き差ししただけで、早くも限界に達してしまいました。

「あっ、もう……出ますっ！」

そう言うのとほぼ同時に、あっけなく射精してしまったのです。

腰を引くこともできず、彼女とつながったままです。膣内で射精をしている間は、現実とは思えない気持ちよさに体がしびれていました。

こうしてあっという間に初体験を終えた私は、夏美さんの体から離れてしばらく布団の上でぼんやりしていました。

射精後のけだるさと、あまりに早く終わってしまった恥ずかしさで、まともに彼女の顔を見ることができません。

その間にも彼女は、ティッシュで股間の後始末をしていました。

するとしばらくして、驚くようなことが起きました。

「えっ？」

天井を見上げていた私は、不思議な感触がして股間を見ました。

なんと彼女が股間に顔を埋め、ペニスを咥えていたのです。

きっと期待していたセックスが不完全燃焼に終わり、物足りなかったのでしょう。フェラチオで、もう一度勃起させるつもりのようです。

「私に任せて。元気にしてあげる……」

いやがる様子もなく、むしろ積極的に口を使っています。やわらかい舌と唇で、ペニス全体を舐め回してくれました。

これも初めての体験だった私は、ぬめぬめと動く舌の感触にため息が出ました。

そうして口で愛撫されているうちに、再びペニスがムクムクと起き上がりはじめました。

彼女は私が勃起しても、なかなか咥えたまま離してはくれません。ペニスを元気にするだけでなく、おしゃぶりそのものを楽しんでいるようでした。

「あの、そろそろ……」

再び我慢できなくなる前に、フェラチオに夢中になっている彼女に言いました。

ようやく口を離してくれた彼女は、名残《なごり》惜しそうに舌をペニスに走らせながら、私を見上げています。

「じゃあ今度は、私が上になってあげる。そこにじっとしてて……」

そう言うと、横になっている私の腰を跨《また》いできました。

私はおとなしく、彼女に任せることにしました。どういうふうにつながるのか、股間を食い入るように見つめました。

ペニスを手に持った彼女が、その上に腰を落としてきました。

お尻が沈んでゆくと、繁みの奥にペニスが吸い込まれていきます。優しく、じっくりと時間をかけてくれました。

「ああっ……」

二度目の挿入でも、快感で声が上擦ってしまいました。

「どう、今度は我慢できそう？」

「はい……まだ、だいじょうぶです」

挿入に時間をかけてくれたのも、きっと私を刺激に慣れさせるためだったのでしょう。おかげですぐに爆発もせず、つながったままでいることができました。

私が我慢しているのを見て、彼女は慎重に体を動かしはじめました。

最初はゆったりとしたペースで、お尻だけを上下に揺すっています。その間はお互い見つめ合いながら、手と手を握り合っていました。

「こういうことするの久しぶりだから、私まで燃えてきちゃいそう……」

そう照れくさそうに笑っていましたが、だんだんと腰の動きが速まってきました。

「あっ、あっ、ごめんなさい……もう止まらないの！」

上下していたお尻が、さらにスピードを増してきます。それにつれて、大きな胸が激しく揺れはじめました。

私は勢いをつけて出入りするペニスの刺激に、歯を食いしばりました。

いったんは耐えられたものの、このペースだとそう長くはもちそうにありません。味わったことのない気持ちよさを、自分ではコントロールできないのです。

それにしても、淫らに腰を振っている夏美さんは、ふだんとは別人でした。

私は裕斗くんの前で見せる、優しい母親の顔しか知りません。彼女がこんないやらしい顔を隠していたなんて、まったく想像できませんでした。

「いいっ！　あっ、もっと、もっとちょうだいっ、いっぱい突き上げてぇ！」

喘ぎ声はますます大きくなり、我を忘れたように必死になって腰を振っています。

もはや、私の顔さえ見ていませんでした。

私も我慢の限界でした。

「ああ、もうすぐイキそうです！」

今度は射精する前に伝えることができましたが、彼女はまったく動きをゆるめてはくれません。

それどころか、グイグイとさらに激しくお尻を打ちつけてきます。

私はその言葉につられるように、二度目の射精をしてしまいました。

「いいのよ、出して！」

快感が引くまで、彼女は私の腰の上で優しく見守ってくれていました。

「ごめんなさい。お礼をするつもりだったのに、こんなに乱れちゃって……」

「いいえ、そんな……」

どうやら彼女も、私とのセックスで多少は満足してくれたようでした。

しかし終わるとすぐさま服を着て、あわてて自分の部屋に戻ってしまいました。

自分がいないうちに、裕斗くんが起きていないか心配だったようです。

それからも夏美さんは、裕斗くんの目を盗んで私の部屋に来てくれました。私以上に性欲を持て余していた彼女は、毎日のように来ることもありました。仕事と育児のストレスも抱えていたようで、セックスだけが解消する手段だったようです。私にとっても熟れた体をいつでも抱けるので、こんなに充実した毎日はありませんでした。

しかし私は大学を卒業すると同時に、アパートを離れなければなりませんでした。夏美さんや裕斗くんとも、それっきり会っていません。

あれから三十年が過ぎ、あの二人はどうしているだろうと、思い出すことがあります。親子で幸せになっていてほしいと、心からそう願っています。

◉新人作品**大募集**◉

マドンナメイト編集部では、意欲あふれる新人作品を常時募集しております。採用された作品は、本人通知のうえ当文庫より出版されることになります。

【応募要項】 未発表作品に限る。四〇〇字詰原稿用紙換算で三〇〇枚以上四〇〇枚以内。必ず梗概をお書き添えのうえ、名前・住所・電話番号を明記してお送り下さい。なお、採否にかかわらず原稿は返却いたしません。また、電話でのお問い合せはご遠慮下さい。

【送付先】 〒一〇一‐八四〇五 東京都千代田区神田三崎町二‐一八‐一一 マドンナ社編集部 新人作品募集係

素人告白スペシャル《しろうとこくはくすぺしゃる》 未亡人とシングルマザーの下半身事情《みぼうじんとしんぐるまざーのかはんしんじじょう》

二〇二一年三月十日 初版発行

編者◉素人投稿編集部【しろうととうこうへんしゅうぶ】

発行◉マドンナ社
発売◉二見書房
東京都千代田区神田三崎町二‐一八‐一一
電話 〇三‐三五一五‐二三一一(代表)
郵便振替 〇〇一七〇‐四‐二六三九

印刷◉株式会社堀内印刷所 製本◉株式会社村上製本所 落丁・乱丁本はお取替えいたします。定価は、カバーに表示してあります。

ISBN978-4-576-21022-3◉Printed in Japan◉©マドンナ社

オトナの文庫 マドンナメイト

電子書籍も配信中!!
詳しくはマドンナメイトＨＰ
http://madonna.futami.co.jp

素人告白スペシャル　熟女旅
素人投稿編集部編／日本全国の旅先で出会った美熟妻たち

素人告白スペシャル　働く人妻　夜の出勤簿
素人投稿編集部編／働く人妻たちの夜の淫らな生活とは!?

素人告白スペシャル　熟妻の不倫懺悔録
素人投稿編集部編／四十路、五十路世代が溺れた肉欲！

素人告白スペシャル　ナイショのお泊まり奥様
素人投稿編集部編／旅行や出張先で体験した卑猥な出来事！

禁断告白スペシャル　年上の女《ひと》
素人投稿編集部編／憧れつづけた年上の淫らな美熟女たち！

禁断レポート　イキまくる熟女たち
素人投稿編集部編／熟女とのめくるめく快楽の一夜！

素人投稿スペシャル　禁断の熟妻懺悔録
素人投稿編集部編／夫を裏切ってしまった熟れた人妻たち

禁断白書　わたしの衝撃的な初体験
素人投稿編集部編／熟妻が初めて味わった衝撃体験！

素人告白スペシャル　背徳の人妻懺悔録
素人投稿編集部編／不倫、乱交、露出など不埒な体験告白集

素人告白スペシャル　食べごろ奥様の性生活
素人投稿編集部編／熟女とヤッちゃった夢のような体験！

激ナマ告白　田舎の人妻たち
素人投稿編集部編／人妻たちの都会では味わえない体験告白！

激ナマ告白　隣の奥様の秘密
素人投稿編集部編／やむにやまれず身体を差し出す人妻たち

Madonna Mate